"Alégrate, joven, en tu mocedad,
y tome placer tu corazón en los días
de tu juventud"

El Sabio Rey Salomón

DEVOCIONAL PARA JÓVENES

CRECER EN CRISTO

Terry Overton

Traducción por Pamela Navarrete de Andrews

DEVOCIONAL PARA JÓVENES

CRECER EN CRISTO

Terry Overton

Christian Publishing House

Cambridge, Ohio

CHRISTIAN PUBLISHING HOUSE
CONSERVATIVE CHRISTIAN BOOKS
APOLOGETIC DEFENSE OF GOD, THE FAITH, THE BIBLE, AND CHRISTIANITY

Copyright © 2018 Terry Overton

DEVOCIONAL PARA JÓVENES: CRECER EN CRISTO Escrito por Terry Overton

Traducido por Pamela Navarrete de Andrews

ISBN-13: **978-1945757945**

ISBN-10: **1945757949**

Queridos lectores:

Este libro de devocionales fue escrito para algunos niños pequeños y adolescentes increíbles, que enviaron textos al autor y pidieron devocionales sobre temas particulares. Los devocionales fueron escritos y se envió un mensaje de texto a los jóvenes cristianos que los recibieron en cuestión de horas. Estos temas fueron solicitados porque estas personas querían pensar, desde una perspectiva cristiana, cómo enfrentar los desafíos que estaban experimentando en sus vidas cotidianas. Los temas incluyeron situaciones en la escuela, el hogar y para los adolescentes, incluso el trabajo. Cuando estos jóvenes cristianos contaron a sus amigos sobre los devocionales, sus amigos solicitaron temas adicionales. Para los padres y abuelos que podrían estar leyendo esta introducción, este es el mensaje importante: **los jóvenes cristianos piensan mucho sobre cómo Dios quiere que manejen las situaciones.** Piensan en las interacciones con sus compañeros, maestros y otros, y buscan orientación desde una perspectiva cristiana. Los jóvenes cristianos no siempre muestran que están pensando en su fe, pero a menudo lo hacen. Los devocionales incluidos en este libro abarcan una variedad de temas que pueden usarse para iniciar conversaciones y estudios bíblicos adicionales. Es la esperanza del autor que los jóvenes cristianos encuentren guía entre las páginas de este libro.

Table of Contents

Terry Overton

Gratitud

"Dad gracias en todo, porque esta es la voluntad de Dios para vosotros en Cristo Jesús." 1 Tesalonisenses 5:18

El agradecimiento es un gran tema para comenzar. Es un concepto que inmediatamente nos pone de buen humor. Siempre estamos agradecidos por nuestras bendiciones, como nuestros padres, hermanos, hermanas, un hogar donde dormir y comida para comer. Es fácil estar agradecido por las cosas buenas.

Pero Dios también nos dice que seamos agradecidos por todas las circunstancias. Cuando lo piensas, eso significa estar agradecido por los exámenes en la escuela o estar agradecido por la mala calificación que obtuviste en una tarea. ¿Por qué en el mundo deberíamos estar agradecidos por estas cosas? Por supuesto, todo esto nos ayudará a aprender y tener un futuro mejor. Entonces, eso no es muy difícil de entender.

Aún más difícil, ¿cómo podemos estar agradecidos por un "amigo" con el que estamos peleados? ¿O uno que no es sincero? Esto es más difícil. Tenemos que pensar un poco más sobre cómo funciona esto. Estas situaciones son pruebas para que seamos mejores cristianos. Estos desafíos requerirán que estiremos nuestros cerebros y pensemos sobre cómo podemos resolver estos problemas, como Jesús esperaría que lo hiciéramos. Resultado; estas pruebas son también el tipo de situaciones que nos hacen mejores en el futuro. Piensa en esto: **Dios no te dará más de lo que puedes manejar. Él ya nos bendijo con la capacidad de detenernos y pensar en situaciones antes de reaccionar para poder ser un buen ejemplo para las otras personas.** Si te encuentras en una situación que te parece demasiado difícil de manejar, habla con tus padres, abuelos, maestro de escuela dominical u otro adulto y solicita ayuda. Y siempre ora. Habla con Dios como un amigo y hazle saber que quieres Su ayuda.

*"Y todo lo que hacéis, de palabra o de hecho, hacedlo todo en el nombre del Señor Jesús, dando gracias por medio de El a Dios el Padre."
Colosenses 3:17*

No te Preocupes por las Cosas Pequeñas

"La paz os dejo, mi paz os doy; no os la doy como el mundo la da. No se turbe vuestro corazón, ni tenga miedo." Juan 14:27

"En medio de mi angustia invoqué al Señor; el Señor me respondió y me puso en un lugar espacioso. El Señor está a mi favor; no temeré. ¿Qué puede hacerme el hombre?" Salmos 118:5-6

Para nosotros es tan fácil vivir a un ritmo de vida casi maníaco. ¿Por qué? ¿Y qué significa eso? Nuestros mundos se mueven demasiado rápido en estos días.

Tenemos que ir a tantos lugares, cumplir con tantas responsabilidades, mantener buenas calificaciones o tener un buen desempeño en el trabajo, y con todo esto, debemos sonreír y ser amables con los demás, siempre. (¡Incluso cuando otros pueden ponernos los nervios de punta!) Nuestro mundo exige que hagamos estas cosas. Este es el status quo. La forma en que el mundo funciona en este momento. ¿Y qué hacemos en nuestro "tiempo libre" cuando no estamos en la escuela o el trabajo? Estamos corriendo por todas partes haciendo cosas, siendo bombardeados por los medios, redes sociales, mensajes de texto, llamadas telefónicas, invitaciones, eventos, salidas deportivas, etc. Y cuando estamos en casa; ¡También hay responsabilidades allí! Lavar ropa, platos, tareas del hogar, etc.

¿Qué debemos hacer? El primer versículo anterior nos recuerda que Jesús nos dejó con paz. Él nos ha dado la tranquilidad de saber que pase lo que pase, hemos recibido su gracia. El primer pasaje también dice que la paz que nos da no es como la paz del mundo. ¡Su paz a través de la gracia es aún mejor! Porque Él nos ha dado esto, no debemos preocuparnos por todas las otras cosas mundanas. Él dijo que no deberíamos tener miedo.

Entonces, ¿cómo en el mundo podemos evitar estresarnos sobre las cosas pequeñas? ¿Cómo podemos tener paz cuando todo a nuestro alrededor se mueve a un ritmo tan loco y exigente? La respuesta está en el segundo versículo. Debemos invocar a Dios. Piensa en esto: **porque lo tenemos de nuestro lado, podemos vencer cualquier cosa que el mundo arroje en nuestro camino.** El truco es, siempre depender de Dios. Depender de Dios, significa que es como si Él caminara a tu lado. Él siempre está ahí. Tu responsabilidad es recordar que Él siempre está contigo. Su mano está extendida hacia ti, agárrala cuando te sientas ansioso por algo. Toma un respiro. Cierra tus ojos. Y recuerda, Él ve el mundo de manera diferente desde su punto de vista. Nuestro mundo seguramente se ve muy pequeño y ¡debemos parecernos a un montón de hormigas! Nuestras preocupaciones sobre las demandas diarias son "pequeñas cosas" en comparación con el plan de Dios para nosotros.

Terry Overton

"Echa sobre el Señor tu carga, y El te sustentará; El nunca permitirá que el justo sea sacudido." Salmos 55:22

Creciendo Tu Fe

"Ahora bien, la fe es la certeza de lo que se espera, la convicción de lo que no se ve." *Hebreos 11:1*

"Porque por gracia habéis sido salvados por medio de la fe, y esto no de vosotros, sino que es don de Dios." *Efesios 2:8*

En nuestro mundo de hoy, podemos ver todo lo que queremos en Internet. Podemos maravillarnos con los videos de naturaleza que provienen de países que están en la mitad del mundo mientras estamos sentados en nuestra sala de estar. Virtualmente podemos experimentar casi todo lo que queremos ver o escuchar debido a los avances en la tecnología. Pero como el primer versículo anterior nos dice, la fe se debe a cosas que esperamos, eso que no podemos ver. Debemos tener una convicción o una creencia. Para creer en Dios, debemos tener fe porque no podemos verlo. Todos los días, vemos la evidencia de Dios: el viento sopla, las olas del océano mueven el agua hacia la orilla, hermosas mariposas flotan en el aire, monstruos en miniatura de aspecto escamoso (lagartijas), los animales se mueven en el suelo, bebés nacen, los niños pequeños aprenden a caminar.

Todas estas son evidencias de Dios, aunque no podemos verlo. Tenemos fe sabemos que Él está allí siempre.

Tener fe en Dios también significa que recibimos la gracia o el perdón de Dios. Él no tenía que darnos este regalo; nos dio la gracia porque Él nos ama. Él sabe que no lo merecemos y, sin embargo, quiere que tengamos este amor y gracia. Lo único que necesitamos es fe en Dios y en Su Hijo, Jesucristo, quien nos dio este regalo en la cruz.

¿Cómo aumentamos nuestra propia fe? Eso es fácil. Podemos aumentar nuestra fe leyendo y estudiando la palabra de Dios.

"Así que la fe viene del oír, y el oír, por la palabra de Cristo." Romanos 10:17

La Biblia es la palabra viva de Dios. Piensa en esto: **Dios nos revela diferentes formas en que podemos aplicar el significado de la Biblia en diferentes momentos de nuestras vidas**. Entenderemos exactamente lo que el autor quiso transmitir leyendo los versículos y usando buenas herramientas de estudio. Un versículo se puede aplicar de forma diferente, en tu vida, dentro de cinco años. Esto significa que puedes aumentar tu fe toda tu vida.

¿No es un regalo maravilloso? Es como abrir un presente diferente cada vez que lees los versículos.

Jesús Volverá

"Pues vosotros mismos sabéis perfectamente que el día del Señor vendrá así como un ladrón en la noche." 1 Tesalonisenses 5:2

"Pero de aquel día y hora nadie sabe, ni siquiera los ángeles del cielo, ni el Hijo, sino sólo el Padre." Mateo 24:36

Sabemos que Jesús murió en la cruz y se levantó en el tercer día. Hemos leído versículos que nos dicen los detalles de esa primera reaparición y también sobre los días que siguieron. ¿Alguna vez te has preguntado cómo deben haberse sentido los discípulos? Primero, fueron testigos de los maravillosos milagros que mostró a sus seguidores en su corto tiempo aquí en la tierra. ¡Eso debe haber sido increíble! Entonces, sus discípulos lo vieron torturado y asesinado. Cómo deben haberse roto sus corazones. Y cómo deben haberse regocijado cuando Él se apareció ante ellos en el tercer día. Él incluso regresó para asegurarse de que cada uno de los discípulos habían comprendido perfectamente que, por el resto de sus vidas, debían enseñar a otros sobre la gracia máxima de Dios y que Jesús regresaría nuevamente.

Estamos esperando su regreso. Lo más importante que hay que recordar es que debemos estar preparados y que ni siquiera uno, ni siquiera Jesús, sabe cuándo ocurrirá ese día. Entonces, ¿qué hacemos mientras tanto?

A prepararse. Al igual que en el primer pasaje, el Señor llegará como un ladrón en la noche, para nuestra gran sorpresa, en ese día. ¡Qué maravillosa sorpresa será!

"Por eso, también vosotros estad preparados, porque a la hora que no pensáis vendrá el Hijo del Hombre." Mateo 24:44

¿Cómo nos preparamos? Nos aseguramos de estar bien con Dios al pedirle perdón cuando cometemos errores. Leemos las Escrituras. Nos esforzamos por seguir los mandamientos. Nos cuidamos unos a otros siguiendo los ejemplos de Jesús. Piensa en esto: **debemos usar los dones, que nos ha dado Dios, para vivir una vida que sigue el camino correcto y debemos ayudar a otros en el camino.**

"Porque somos hechura suya, creados en Cristo Jesús para hacer buenas obras, las cuales Dios preparó de antemano para que anduviéramos en ellas." Efesios 2:10

Piensa en los muchos dones que Dios le ha dado a la gente. Él ha planeado estos regalos para que los uses para su gloria. Algunas personas tienen el don del talento musical. Algunas personas tienen el don de ser grandes atletas. Otros tienen el don de pintar, enseñar, hablar en grupos grandes o escribir. Estos son todos dones que pueden usarse para llevar a otros a conocer a Dios. ¿Cuáles son tus regalos y cómo puedes usarlos?

Cuando Tienes Miedo

"Porque no nos ha dado Dios espíritu de cobardía, sino de poder, de amor y de dominio propio." 2 Timoteo 1:7

"No temas, porque yo estoy contigo; no te desalientes, porque yo soy tu Dios. Te fortaleceré, ciertamente te ayudaré, sí, te sostendré con la diestra de mi justicia." Isaias 41:10

Dios creó a los humanos para tener emociones de todo tipo: felicidad, ira, frustración, tristeza, miedo, emoción, ansiedad y amor, por nombrar algunos. Tenemos la bendición de tener tantas emociones maravillosas que podemos experimentar todos los días. Piensa cómo sería vivir todos los días sintiéndote exactamente de la misma manera. ¡Eso sería aburrido! Pero observa lo que dice el primer versículo sobre nuestro espíritu. ¡Recuerda que Dios te dio un espíritu que no es de miedo, sino de poder! Y no solo eso, nuestros espíritus son para amar y también de autocontrol. Pensemos en eso por un minuto. El espíritu con el que todos somos bendecidos tiene el poder de ser valiente. ¿Cómo sabemos esto? Porque Dios declara que nuestro espíritu también tiene autocontrol. Esto significa que usamos nuestro espíritu para controlar el miedo y otros sentimientos.

Las emociones están definitivamente influenciadas por nuestro propio pensamiento. ¡Piensa en algo emocionante (como Navidad, una fiesta de cumpleaños o el simpático alumno nuevo en la escuela!) Y te sientes emocionado. Piensa en algo con lo que tengas dificultades, como el álgebra o la literatura en inglés, y sientes frustración incluso antes de comenzar tu tarea.

Al tener pensamientos felices, divertidos o positivos, nuestras emociones felices o positivas seguirán. Si piensas en algo que tienes que hacer que te asusta, sentirás miedo antes del día en que tengas que hacerlo. Entonces, la primera parte de la emoción sobre algo en el futuro es en realidad la idea de ese evento futuro. Aquí es donde ese autocontrol es muy útil. ¡Puede parecer difícil de hacer al principio, pero puedes hacerlo! Controla tus pensamientos, piensa en cosas positivas. Si algo te da miedo, piensa en cómo Dios está allí a tu lado y apoyándote. A veces, puedes pensar en Él poniendo su brazo alrededor de ti para darte fuerza. ¿Puedes imaginar cómo se sentiría ese brazo fuerte a tu alrededor, ayudándote a ser valiente? El segundo versículo anterior nos dice exactamente eso. El versículo dice que Dios nos dará fortaleza e incluso nos sostendrá con su diestra. Por supuesto, tenemos que pedirle ayuda. Entonces, ¿qué mejor manera de apartar tu mente de aquella situación que te provoca miedo que orar a Dios pidiéndole que te dé fuerzas? Todo el tiempo que te encuentres en el evento que te atemoriza, di oraciones en tu mente y siente su presencia. Piensa en esto: **¡si estás orando, Él estará allí!**

"Busqué al Señor, y El me respondió, y me libró de todos mis temores." Salmos 34:4

Permanece Firme en Tu Fe

"El viento sopla donde quiere, y oyes su sonido, pero no sabes de dónde viene ni adónde va; así es todo aquel que es nacido del Espíritu." Juan 3:8

"Jesús le dijo: ¿Porque me has visto has creído? Dichosos los que no vieron, y sin embargo creyeron." Juan 20:29

"Vosotros sois la luz del mundo. Una ciudad situada sobre un monte no se puede ocultar; ni se enciende una lámpara y se pone debajo de un almud, sino sobre el candelero, y alumbra a todos los que están en la casa. Así brille vuestra luz delante de los hombres, para que vean vuestras buenas acciones y glorifiquen a vuestro Padre que está en los cielos." Mateo 5:14-16

Mantenerse firme en tu fe puede ser desafiante a veces. ¡Cuántas demandas, cuantas cosas emocionantes suceden en la escuela y en tu vida social todos los días! El primer versículo nos dice que el Espíritu Santo está dentro de nosotros y que el Espíritu Santo puede ayudarnos a llevarnos en muchas direcciones para hacer muchas cosas en el futuro para Dios. A veces no sentimos que nuestra fe nos está guiando en todo lo que hacemos, pero, como ya tenemos el Espíritu dentro de nosotros, siempre está ahí.

Tal vez el Espíritu es como un programa de computadora que se ejecuta en segundo plano mientras trabajas en una página web diferente. Todavía está allí, todavía encendido, y esperando que regreses a ese programa cuando estes listo. El Espíritu, una vez que está en ti, estará siempre. Puede haber un momento en tu vida en el que tengas algo que te haga cuestionar a Dios. Incluso cuando estás cuestionando, Dios todavía está allí dentro de ti ... esperando.

¿Sabías que Jesús habló de ti? ¡El segundo versículo nos dice que ya estaba pensando en nosotros! Él sabía eso, dado que no lo habíamos visto en toda nuestra vida (¡al menos no todavía!), era más difícil para nosotros creer. ¡Y porque creemos, Él nos bendijo aún más! ¿Cuan genial es eso?

Pero el tercer versículo es el más revelador acerca de mantener fuerte tu fe. Cuando estés listo, estarás iluminando tu luz de fe en el mundo. Puedes compartir esta luz al: ayudar a un amigo, ayudar a tus padres y hermanos, amar a los animals, a las personas, ser primeramente cristiano en tu futura vida profesional, ser un ejemplo brillante de esposa, esposo y padre cristiano, y al brillar tu luz de fe estarás ayudando a guiar a otros a la cruz.

Puedes aumentar tu fe recordando que todos hemos nacido de nuevo en Cristo. **Piensa en esto: todos tenemos una segunda oportunidad y estaremos con Él por la eternidad.** ¡Eso me emociona solo de pensarlo!

Si te encuentras en una depresión, siempre puedes recurrir a la Biblia en busca de inspiración o simplemente para que tu mente piense en la fe. Es una buena manera de hacer que tu corazón y tu mente vuelvan a tu fe y entrenar tu creencia.

"Toda Escritura es inspirada por Dios y útil para enseñar, para reprender, para corregir, para instruir en justicia" 2 Timoteo 3:16

Usa Solo Palabras Amables

"Panal de miel son las palabras agradables, dulces al alma y salud para los huesos." Proverbios 16:24

"No salga de vuestra boca ninguna palabra mala, sino sólo la que sea buena para edificación, según la necesidad del momento, para que imparta gracia a los que escuchan." Efesios 4:29

Pasamos por desafíos todos los días. Experimentamos luchas, frustración e incluso enojo en ciertas situaciones. Algunas veces estas luchas están dentro de nosotros por algo que estamos tratando de hacer, pero estamos teniendo dificultades. Podríamos estar luchando con una tarea escolar, trabajo o algún deber. En estas situaciones, experimentamos frustración dentro de nosotros mismos y no debido a una interacción con otra persona. A veces nos enojamos tanto que utilizamos un lenguaje que no usaríamos si Jesús estuviera parado en la habitación. Pero, por supuesto, ¡Él está en todas partes! Él conoce nuestras fallas y nuestros pecados, pero nos perdona fácilmente cuando le preguntamos. La Biblia nos recuerda que las palabras amables son las mejores y que incluso nuestra propia salud física y mental será mejor si controlamos nuestros pensamientos y palabras.

Hay otras luchas en las que estamos interactuando con otros. Estas interacciones pueden volverse desagradables porque estamos frustrados o puede ser fastidioso porque la otra persona está molesta y enojada. ¡Es posible que las palabras salgan volando de tu boca antes de que te des cuenta! Nuevamente, podemos pedir perdón.

¿Cómo podemos seguir mejor los ejemplos de Jesús? Es especialmente difícil cuando las cosas suceden tan rápido que sentimos que no tenemos tiempo para pensar antes de que nuestros labios reaccionen. Pero debemos hacer todo lo posible para hacerlo. El primer versículo a continuación nos recuerda que podemos tomar el control de cada pensamiento. Y el segundo versículo señala que nuestras palabras son muy poderosas. **Piensa en esto: nuestras palabras pueden ayudar a otros de maneras significativas que ni siquiera podemos imaginar.**

"Y poniendo todo pensamiento en cautiverio a la obediencia de Cristo." 2 Corintios 10: 5

"Al que tropezaba tus palabras han levantado, y las rodillas débiles has robustecido." Job 4:4

¿Cómo podemos enfocarnos en usar buenas palabras? ¿Cómo podemos ayudar a otros a ser amables? Debemos liderar con el ejemplo. Primero debemos usar palabras amables e interactuar de manera reflexiva para ayudarnos unos a otros. Cuando otra persona escucha tu lenguaje amable y experimenta tus buenas acciones, es más probable que hagan lo mismo contigo.

"Por tanto, alentaos los unos a los otros, y edificaos el uno al otro, tal como lo estáis haciendo." 1 Tesalonisenses 5:11

Leyendo la Palabra de Dios

"Lámpara es a mis pies tu palabra, y luz para mi camino." Salmos 119:105

"El cielo y la tierra pasarán, mas mis palabras no pasarán." Mateo 24:35

"Sécase la hierba, marchítase la flor, mas la palabra del Dios nuestro permanece para siempre." Isaias 40:8

Te han enseñado, y probablemente has leído, que la Biblia es la palabra viva de Dios. La Biblia ha continuado informando a las personas acerca de Dios por miles de años y ahora es igual de significativa. Estas palabras viven porque son interpretadas por tí según tus propias circunstancias en el momento. Dios sabe lo que necesitarás. Él también usa estas palabras para interponer el Espíritu Santo en el lector. Así es como Dios quiere que sea. Él quiere que leamos las palabras e interpretemos la ayuda y el significado que necesitamos en diferentes momentos de nuestras vidas. El Espíritu nos ayuda a sentir el significado en nuestros corazones.

Los pasajes anteriores nos recuerdan que la palabra de Dios está escrita para guiarnos, y estas palabras siempre estarán allí. Cuando tenemos tantas cosas sucediendo en nuestras vidas, parece que no tenemos tiempo para leer las Escrituras y pensar en Dios. Pero, dado que las palabras son nuestra guía, pueden hacer nuestras vidas más fáciles y más bendecidas. Las palabras pueden ayudarnos a llevarnos mejor con los que nos rodean y pueden enseñarnos a ser un ejemplo para los demás.

"Así que la fe viene del oír, y el oír, por la palabra de Cristo." Romanos 10:17

Dado que las palabras de Dios fortalecen nuestra fe, es importante que nos tomemos un tiempo para leer los versículos. ¡Pero la Biblia contiene 66 libros con numerosos capítulos dentro de cada libro! ¡Guauu! ¡Eso es mucha lectura! ¿Cómo sabes por dónde empezar? Si tienes solo unos minutos cada día, ¿cómo saber qué leer? Hay diferentes enfoques para esto. Algunas personas comienzan con el Nuevo Testamento porque nos enseña las palabras y la historia de Jesús. Otros creen que deberían comenzar desde el principio, con el Antiguo Testamento, y leer todo el texto. Dado que el único camino hacia el Padre es a través del Hijo, comenzar primero con el Nuevo Testamento parece atractivo. El Antiguo Testamento tiene una gran cantidad de historia temprana y la política del mundo de esa época. Estos son importantes para que podamos entender, de modo que tengamos una idea general de Dios y su obra en el mundo. Otras personas prefieren leer las canciones y la poesía (Proverbios, Salmos). Estos también tienen una gran visión de tu vida diaria. Probablemente no haya la mejor manera de leer las Escrituras. Dado que tendrá un significado diferente cada vez que lo leas, año tras año, puede no importar dónde empieces. Tú puedes decidir. Y no tienes que leer mucho cada día. Solo toma unos minutos leer un par de versículos y esos mismos versículos podrían marcar la diferencia en tu día. También puede leer las Escrituras en libros o devocionales. Todas estas son excelentes maneras de estudiar. Pero no te castigues si te pierdes un día para dos aquí y allá. Siempre puedes ponerte al día cuando tengas más tiempo, quizás los fines de semana u otras veces. Piensa en esto: **Dios es paciente y te esperará si sabe que tienes fe en Él.**

Compartiendo la Verdad

"Y les dijo: Id por todo el mundo y predicad el evangelio a toda criatura. El que crea y sea bautizado será salvo; pero el que no crea será condenado." Marcos 16: 15-16

"Buscad la paz con todos y la santidad, sin la cual nadie verá al Señor." Hebreos 12:14

Una de las cosas más asombrosas en la historia que sucedió después de que Jesús ascendió al Cielo fue la rapidez con que la palabra de Jesús se extendió por todas las civilizaciones poco después. Estos discípulos y creyentes fueron ayudados por el Espíritu Santo. El Espíritu no solo brindó fuerza y conocimiento a estos creyentes primitivos, sino que también les dio una gran cantidad de lenguajes diferentes para usar mientras salían a difundir la Palabra. ¡Imagina, en un instante, conocer varios idiomas diferentes a la vez sin estudiar esos idiomas! Dios sabía que para poder difundir las noticias de Jesús rápidamente, estos creyentes necesitarían estos idiomas. ¡Asombroso!

Hoy, ¿cómo se difunde la verdad de Dios en tu vida cotidiana? Por supuesto, la gente va a la iglesia. La gente lee la Biblia. Algunas personas ven programas de televisión o películas sobre Jesús. ¿Pero qué se espera que la persona promedio haga para difundir la Palabra? Para los verdaderos creyentes, todos recibimos dones de Dios que podemos usar para ayudar a otros a entender acerca de Dios y su

Hijo. Tal vez una persona tiene el don de cantar, hablar, enseñar o escribir. Es posible que hayas escuchado que algunos fueron "llamados" por Dios a pasar sus vidas activamente enseñando acerca de Dios. En el capítulo 1 de Jeremías, la Biblia nos cuenta acerca de cómo Jeremías fue llamado:

> "Antes que yo te formara en el seno materno, te conocí, y antes que nacieras, te consagré, te puse por profeta a las naciones. Entonces dije: ¡Ah, Señor Dios! He aquí, no sé hablar, porque soy joven. Pero el Señor me dijo: No digas: "Soy joven", porque adondequiera que te envíe, irás, y todo lo que te mande, dirás. No tengas temor ante ellos, porque contigo estoy para librarte declara el Señor."
> Jeremias 1:5-8

Esto nos dice que Jeremías fue llamado y que Dios lo cuidó y preparó el camino, para que Jeremías pudiera salir al mundo y enseñar a otros. Piensa en esto: **Dios nos dará lo que necesitamos para contarles a los demás acerca de Él.**

En situaciones cotidianas, también podemos difundir la Palabra con nuestros ejemplos que mostramos a otros. De esta manera, ellos saben que tu corazón es verdadero y que Dios es tu guía. Difundir la Palabra es algo que podemos hacer, pero el individuo que escucha tiene la opción de aceptar y seguir a Dios o rechazar la verdad. Como señala el pasaje al principio, aquellos que rechazan la palabra no verán al Señor.

Dios Está Mirando

"¿No se venden dos pajarillos por un cuarto? Y sin embargo, ni uno de ellos caerá a tierra sin permitirlo vuestro Padre." Mateo 10:29

"Aun antes de que haya palabra en mi boca, he aquí, oh Señor, tú ya la sabes toda." Salmos 139:4

"Pero el Señor dijo a Samuel: No mires a su apariencia, ni a lo alto de su estatura, porque lo he desechado; pues Dios ve no como el hombre ve, pues el hombre mira la apariencia exterior, pero el Señor mira el corazón." 1 Samuel 16:7

"Porque los ojos del Señor recorren toda la tierra para fortalecer a aquellos cuyo corazón es completamente suyo." 2 Crónicas 16:9

Puede parecer que es imposible. ¿Cómo puede Dios estar en todas partes? ¿Cómo puede Él saber lo que estás haciendo y pensando todo el tiempo? Al mirar las Escrituras, es evidente que Dios ve más que solo a nosotros. Dios creó tantas cosas maravillosas en esta tierra. Él se preocupan por el planeta, los animales y las personas que lo habitan.

A lo largo de los versículos de la Biblia, leemos muchos ejemplos de Dios sabiendo y también viendo lo que está sucediendo todo el tiempo. Durante el tiempo de los eventos del Nuevo Testamento, los templos del día (similares a nuestras iglesias de hoy) practicaron ofreciendo sacrificios a Dios. Recuerda que esto fue en el momento en que Jesús estaba en la tierra y Él quería cambiar estas prácticas de sacrificios y enfocarse en adorar a Dios. Alrededor de los templos había áreas donde la gente vendía los animales para ser sacrificados como ofrendas. En el primer versículo arriba, vemos que estos gorriones se vendieron por un centavo. En otras palabras, los gorriones no fueron muy valorados. Y, sin embargo, ni siquiera un pájaro pequeño, que no fue valorado por la humanidad, caerá al suelo sin el conocimiento de Dios. Si Dios presta tanta atención a estos pajaritos, ¡imagina cuán atentamente Él nos mira y cuida!

Dios nos conoce tan bien que, como dice el segundo pasaje, ¡Él incluso conoce las palabras que vamos a hablar antes de que formemos las palabras en nuestras bocas! ¡Guauu! ¡Eso es increíble! ¡Esto también significa que Él sabe que estas mismas palabras están escritas por ti antes de que las escribas! Él proporciona una guía para un escritor que comunica a otros acerca de Dios.

Los dos últimos versículos indican que lo más importante que Dios mira y conoce, es nuestro corazón. Él no juzga como la humanidad juzga. Él siempre sabe la verdad sobre nosotros, incluso cuando otras personas pueden rechazarnos o ser desagradables. Piensa en esto: **Él conoce la bondad de tu corazón.** Y como dice el último versículo, Él está buscando creyentes en todo el mundo porque quiere fortalecerlos y apoyarlos.

Él mira, Él se preocupa, Él ama, Él ofrece apoyo. Estamos tan agradecidos de que Él nos está mirando.

Animales y Cielo

"Entonces dijo Dios: Produzca la tierra seres vivientes según su género: ganados, reptiles y bestias de la tierra según su género. Y fue así." Génesis 1:24

"El justo se preocupa de la vida de su ganado,…" Proverbios 12:10

"Que nos enseña más que a las bestias de la tierra, y nos hace más sabios que las aves de los cielos?" Job 35:11

"Y toda carne verá la salvacion de Dios." Lucas 3:6

"Bienaventurados los que lloran, pues ellos serán consolados." Mateo 5:4

"Sana a los quebrantados de corazón, y venda sus heridasⁱ." Salmos 147:3

Somos bendecidos de tener todas las criaturas que Dios creó para nosotros. Él puede ver en el corazón de las personas y coloca mascotas en nuestras vidas para nuestro cuidado. Como se afirma en el segundo versículos, las personas con buenos corazones cuidan a sus mascotas y las aman como parte de la familia. En Job, se nos recuerda que las creaciones que Dios nos dio, las bestias de la tierra y los pájaros, nos ayudan a aprender. Cuando tú estabas creciendo todos estos años, cuidando a tus mascotas ha sido una forma de aprender a ser responsable, pero más importante que eso, es una forma de aprender sobre el amor y la lealtad. Estos animales son como amigos y familiares. ¡Los amas y ellos te devuelven ese amor! Cuando pierdes una mascota, un perro, un gato u otro animal, echas de menos a esa pequeña criatura que Dios puso en tu vida. Pero tu perro u otra mascota pueden haber estado enfermos o haber tenido un accidente trágico.

Tú los has cuidado, los has amado, y luego te afliges cuando mueren. Estas criaturas son bendiciones enviadas a nosotros para que podamos honrar la responsabilidad que Dios le dio a la humanidad, el cuidado de la tierra y las criaturas en ella. Nos preocupamos por ellos y los amamos mientras están con nosotros. Ahora que tu mascota ya no está contigo, sabes que tu perro dulce no tiene dolor. Puedes estar agradecido por el tiempo que compartieron juntos.

Probablemente necesites un poco de tiempo para recuperarte del dolor de perder una mascota. Ha estado con tu familia por muchos años, y será difícil seguir adelante. Pero lo harás. Esto es posible porque, como dice el último pasaje, Dios te sanará. Piensa en esto: **Él cura todas las heridas**. Entonces, recuerda los buenos años que pasaste con tu mascota. Agradece a Dios por poner mascotas en tu hogar. Di una oración para que Dios te fortalezca por la pérdida de tu mascota.

Tratando con Días Difíciles

"Y no os adaptéis a este mundo, sino transformaos mediante la renovación de vuestra mente, para que verifiquéis cuál es la voluntad de Dios: lo que es bueno, aceptable y perfecto." Romanos 12:2

A medida que avanzamos cada día, es posible que nos resulte difícil pensar en algo que no sea lo que tenemos ante nosotros. Podemos tener nuestra mente en la escuela, nuestro trabajo, amistades con las que no estamos bien, tareas domésticas e interacción con la familia. A veces tenemos que mantenernos enfocados en exactamente lo que estamos haciendo, como la escuela o la tarea. En otras ocasiones, haríamos bien en distraernos de estos asuntos cotidianos. Algunos días nos obsesionamos con las preocupaciones. Y otros días, bueno, todo parece ir mal. Es casi como si una cosa mala se acumulara sobre otra cosa mala y luego cuando intentas respirar profundamente, algo más sucede. Es tan difícil pensar en algo agradable en esos días. Nuestras mentes solo se enfocan en las cosas malas que están sucediendo.

El pasaje anterior nos instruye a no conformarnos ni a estancarnos en este mundo, sino a transformar nuestro pensamiento en un nuevo estado de ánimo. ¿En qué se supone que debemos pensar? Este pasaje dice que pienses en la voluntad de Dios. ¡Eso es difícil! Cuando las cosas van mal, no queremos pensar que Dios está haciendo que estas cosas malas nos sucedan a propósito. La buena noticia es que eso no es exactamente lo que significa este versículo. Este versículo significa que es la voluntad de Dios que venzas las cosas malas o las que te "ponen a prueba". Dios quiere que recuerdes las cosas buenas, las perfectas, y que uses tu mente para pensar cómo se deben manejar estas pruebas de una manera que a Dios le gustaría.

¿Como hacemos eso? ¿Cómo podemos estar seguros de que lo que pensamos y hacemos durante un momento difícil es lo que Dios quiere que hagamos? El siguiente versículo de Romanos nos dice que debemos estar esperanzados y pacientes, y lo más importante, orar constantemente durante este tiempo de pruebas. Puedes orar por sabiduría para hacer lo correcto, por paciencia para resistir esta prueba, y por las bendiciones de Dios que Él te envía para ayudarte en las pruebas.

"Gozándoos en la esperanza, perseverando en el sufrimiento, dedicados a la oración." Romanos 12:12

Dado que podemos usar estos tiempos para acercarnos más a Dios, deberíamos alegrarnos de tener esta oportunidad de tratar y reaccionar como Dios quisiera que hagamos. Jesús dijo que todas las pruebas que Él ha permitido que nos sucedan (no es que Él las haya causado) deberían pensarse de esta manera. Piensa en esto: **Dios quiere que nos apoyemos en Él durante estas pruebas, y se regocija cuando nos acercamos a Él y cuando pedimos su ayuda. Sabe que dependes de Él.**

"Tened por sumo gozo, hermanos míos, el que os halléis en diversas pruebas" Santiago 1:2

Y cuando aún te sientas triste, ansioso o débil durante estos días difíciles, piensa en el versículo siguiente. Se supone que no debemos seguir sintiéndonos de esta manera, sino que debemos darnos cuenta de que Dios está con nosotros. Te tomará de la mano, te levantará cuando tropieces y te sostendrá cuando no puedas ir más allá. Con su ayuda, pasarás por tiempos difíciles y, después de las pruebas, estarás más cerca de Él. ¡Regocíjate en esto!

"¿No te lo he ordenado yo? ¡Sé fuerte y valiente! No temas ni te acobardes, porque el Señor tu Dios estará contigo dondequiera que vayas." Josué 1:9

Tu Fe Personal

"Sino santificad a Cristo como Señor en vuestros corazones, estando siempre preparados para presentar defensa ante todo el que os demande razón de la esperanza que hay en vosotros, pero hacedlo con mansedumbre y reverencia." 1 Pedro 3:15

"Jesús le dijo: Yo soy el camino, y la verdad, y la vida; nadie viene al Padre sino por mí." Juan 14:6

Tu mente y corazón, o alma, son increíbles. Un estudio descubrió que tenemos alrededor de 86 mil millones de células cerebrales y que cada una se conecta a otras 10.000, lo que nos da casi 1000 billones de conexiones. Nuestros cerebros físicos son asombrosos. Pero lo que es más importante que el cerebro es la mente. La mente es tu cerebro funcionando como un órgano pensante. Aquí es donde entiendes todo lo que sucede y donde entiendes lo que lees y aprendes. Parte de nuestro cerebro también procesa nuestros sentimientos, y esto es lo que podemos llamar nuestra alma o "corazón" o donde sentimos cosas como las emociones. Aquí es donde se guardan nuestros pensamientos y sentimientos acerca de Dios.

Tener tu propia fe personal es una manera maravillosa de pensar en mantener a Jesús en tu vida siempre. Estamos instruidos a honrar siempre a Jesús en nuestros corazones y mantenerlo allí; debemos estar listos para contarles a los demás acerca de Él e incluso defender nuestra creencia en Él con aquellos que no entienden. La Escritura también nos dice que cuando defendamos a Jesús, debemos hacer esto con amabilidad. Esto refleja cómo Jesús quiere tratar a todas las demás personas, con amabilidad.

> *"Sed más bien amables unos con otros, misericordiosos, perdonándoos unos a otros, así como también Dios os perdonó en Cristo." Efesios 4:32*

Piensa en esto: **tu propia fe personal es algo que siempre está en tu corazón al igual que el Espíritu Santo.** Usas tu fe personal y el Espíritu Santo para entender los versículos de la Biblia, para pensar acerca de lo que Jesús quiere que hagas, y para orar. La oración es algo más que Dios cree que es muy personal. Jesús nos dijo cómo orar:

> *"Pero tú, cuando ores, entra en tu aposento, y cuando hayas cerrado la puerta, ora a tu Padre que está en secreto, y tu Padre, que ve en lo secreto, te recompensará." Mateo 6:6*

Jesús quiere que vivamos nuestras vidas con Él dentro de nuestro corazón y mente. Él dice que debemos usar nuestra fe personal todos los días mientras interactuamos con las personas. Debemos realizar actos de bondad y no esperar recibir ninguna recompensa por hacerlo porque no debemos realizar estos actos para que otros nos vean haciéndolo. Dios sabe cuando estamos haciendo estos actos amables. Él está mirando y nos recompensará en el cielo. Estos actos de bondad no necesitan ser grandes ni perceptibles. Puede ser tan simple como ayudar a tus padres o hermano y hermana. Puede ser tan pequeño como hacer algo por un maestro o amigo, ellos pueden no darse cuenta de lo que has hecho sino hasta más tarde o tal vez nunca se enteren de quién hizo el acto amable.

"Cuidad de no practicar vuestra justicia delante de los hombres para ser vistos por ellos; de otra manera no tendréis recompensa de vuestro Padre que está en los cielos." Mateo 6:1

Terry Overton

Aún Extraño a Mi Dulce Perro

"Y cuando oí estas palabras, me senté y lloré, e hice duelo algunos días, y estuve ayunando y orando delante del Dios del cielo." Nehemías 1:4

Escuchar malas noticias puede ser muy triste, como cuando escuchaste por primera vez que tu mascota ya no estaba aquí con tu familia. El versículo anterior nos dice que cuando Nehemías se enteró de la destrucción de Jerusalén, se sentó y lloró por días. Incluso continuó su luto después de eso y ayunó y siguió orando. Quería tanto que Jerusalén se construyera nuevamente y estaba triste por la pérdida.

Este pasaje nos deja saber que el duelo no es un proceso rápido. Nos puede llevar tiempo. Es así. Algunas personas procesan el dolor más rápido que otros. Los sentimientos acerca de la pérdida pueden ser bastante crudos al principio. Y, como tu mascota estaba en tu casa y patio, y todavía estás viviendo allí, ves esos recuerdos todos los días. Recuerdas que él te saludaba cada día cuando llegabas a casa de la escuela, y ahora no lo hace. Esto te recuerda que él ha muerto.

¿Qué puedes hacer para sentirte mejor? Antes que nada, solo piensa en tus recuerdos favoritos de tu mascota. Si tienes fotos de él, puedes coleccionarlas y ponerlas en un libro de recuerdos. O puedes hacer dibujos de cómo lo recuerdas y nombrar los dibujos "Recuerdos de mi perro (u otra mascota)".

También te ayudará estar con tus amigos y familiares en los que confías y amas. Todos saben cómo te sientes y te apoyarán en este proceso. Entonces, la Biblia nos dice muchas veces que nuestro siguiente paso es orar y confiar en Dios.

"¿Sufre alguno entre vosotros? Que haga oración. ¿Está alguno alegre? Que cante alabanzas." Santiago 5:13

Piensa en esto: **Dios te dará la fuerza para ir más allá del dolor.** Todo lo que tiene que hacer es pedir a Dios.

"Todo lo puedo en Cristo que me fortalece." Filipenses 4:13

Terry Overton

¿Qué Pasa si Mis Amigos no Siguen a Cristo?

"Sed imitadores de mí, como también yo lo soy de Cristo." 1 Corintios 11:1

"Procura con diligencia presentarte a Dios aprobado, como obrero que no tiene de qué avergonzarse, que maneja con precisión la palabra de verdad." 2 Timoteo 2:15

Siendo un hijo de Su Reino, tú sabes y entiendes lo maravilloso que es ser cristiano. Estamos entusiasmados con nuestra propia fe. Nos entusiasmamos aún más cuando vamos a la iglesia, a un grupo de jóvenes, leemos la Biblia y celebramos el nacimiento y la resurrección de Cristo. ¡Podríamos cantar con todas nuestras fuerzas algunas veces y querer gritar desde la azotea!

Pero, ¿y si tus amigos aún no están en este reino? ¿Qué piensan de ti? ¿Y puedes ayudarlos a venir a la cruz?

Probablemente es más difícil explicar lo que significa ser cristiano que vivir solo como uno. ¿Por qué? Porque, desafortunadamente, nuestros amigos que pueden no ser creyentes (aún) pueden no querer escuchar acerca de ser creyentes. Incluso pueden sentir que estamos intentando de alguna manera ser mejores de lo que ellos son, y no queremos perder su amistad. Pero, le agradas a ellos. Les gustas por la

37

forma en que interactúas con ellos y la manera en que tratas a las personas.

Como los versículos anteriores nos dicen, todos deberíamos buscar ser imitadores de Cristo. Como recuerdas del nuevo testamento, cuando Jesús viajó durante su ministerio, amó a todas las personas y trató a todos con bondad. Él nos demostró cómo comportarnos, y muchos fueron atraídos a Él por la forma en que Él era y las cosas que dijo.

El segundo versículo anterior nos recuerda que estamos avanzando como verdaderos obreros de Dios y nos dice que no nos sintamos avergonzados ni temerosos de nuestras acciones. También nos dice que manejemos la palabra de Dios de manera veraz. Piensa en esto: **no debemos ocultar nuestra fe ni pedir disculpas por ello.** Pablo les dijo a los filipenses que siempre deberían tratar a los demás como más importantes que ellos mismos.

> *"Nada hagáis por egoísmo o por vanagloria, sino que con actitud humilde cada uno de vosotros considere al otro como más importante que a sí mismo."* Filipenses 2:3.

Cuando tus amigos se den cuenta de cómo te comportas con ellos y noten cómo piensas primero en los demás, algún día harán un comentario o te preguntarán por qué. Entonces es cuando les dices: "Soy cristiano y trato de comportarme como Jesús". En ese momento, comienzas a hablar más sobre tu fe e invitarlos a que te acompañen al grupo juvenil o a la iglesia.

Ayudando a Mis Amigos a Aprender Más Acerca de Cristo

"Por tanto, no te avergüences del testimonio de nuestro Señor, ni de mí, prisionero suyo, sino participa conmigo en las aflicciones por el evangelio, según el poder de Dios." 2 Timoteo 1:8

Los versículos de 2 Timoteo fueron escritos por Pablo mientras estaba en prisión. Él sentía que enseñar a otros acerca de Jesús era tan importante que continuó haciéndolo mientras estaba en prisión. Él envió por su compañero creyente, Timoteo, para que lo visitara y asegurarse de que estas cartas llegaran a Timoteo para informarle sobre la importancia de difundir el Evangelio.

Hoy, nos parece difícil saber exactamente cómo hablar con nuestros amigos para alentarlos a que se acerquen más a Dios y a su Hijo Jesús. Por supuesto, vivir de acuerdo con los ejemplos que Jesús nos mostró es un comienzo, pero puede haber momentos en los que te sientas confundido. Quizás te preguntes: "¿Debo decir algo ahora? ¿Será que hablar de Jesús es demasiado insistente?" La fe es un tema muy delicado porque está profundamente enterrado en nosotros cuando creemos.

Algunas personas que realmente no entienden acerca de Dios, pueden sentirse intimidadas cuando hablamos sobre nuestras creencias. Pueden preguntarse si algo anda mal con ellos porque no entienden todo lo que decimos. También pueden ser curiosos, pero se avergüenzan o dudan en preguntarnos. Entonces, la pregunta es, ¿cómo abordar el tema? ¿comienzas tú primero o esperas? Quizás son demasiado tímidos para preguntar.

Siempre puedes ofrecer una oportunidad para que formulen una pregunta diciendo algo así como: "Si quieres saber más sobre mis creencias, házmelo saber". Y luego ora para que te pregunten, para que puedas ofrecer información o llevárlos a la iglesia.

¿Cuál es el peligro si tus amigos no quieren obtener información de una fuente confiable, como tú, tu familia, un grupo de jóvenes o una iglesia? El peligro es que pueden haber tomado la dirección equivocada. Pablo, mientras aún estaba en prisión escribiendo sus cartas, habló sobre esto:

> *"Porque vendrá tiempo cuando no soportarán la sana doctrina, sino que teniendo comezón de oídos, acumularán para sí maestros conforme a sus propios deseos; y apartarán sus oídos de la verdad, y se volverán a mitos." 2 Timoteo 4:3-4*

Parece que muchas personas, jóvenes y mayores, quieren escuchar y creer en sus propias creencias y valores personales en lugar de aprender la verdad. Haz una oración para que tus amigos quieran saber más. Cuando estén listos, házles saber que estás dispuesto a hablarles sobre Jesús. Piensa en esto: **Dios te ayudará con las palabras cuando tus amigos estén listos.**

¿Estoy Listo Para una Relación Romántica?

"Huye, pues, de las pasiones juveniles y sigue la justicia, la fe, el amor y la paz, con los que invocan al Señor con un corazón puro." 2 Timoteo 2:22

Este versículo es interesante porque fue escrito en una carta de Pablo a su hermano creyente más joven a quien él había entrenado. Este libro de la Biblia contiene esta carta en la que Pablo le está dando instrucciones a Timoteo para que siga predicando incluso mientras Pablo estaba en prisión. Pablo está envejeciendo y quiere que Timoteo continúe difundiendo la palabra a pesar de que Pablo ya no puede hacerlo. Pablo le está diciendo a Timoteo que no pierda su tiempo en cosas que realmente no importan. Le dijo a Timoteo que abandone las formas juveniles que no son significativas. Esto sería similar a escuchar a un maestro, entrenador o padre, que quiere que hagas de tu vida una que sea para el bien de los demás. Observa como Pablo le dice a Timoteo que abandone las tonterías y, en cambio, que busque la justicia y el amor, así como la paz y la fe. Él le dice a Timoteo que busque corazones puros que creen en Dios y en Su Hijo.

Estas palabras son igual de importantes hoy. Todos queremos que nuestras vidas sean significativas y que hagamos las cosas que nos convienen. Todos queremos amor. Debemos esforzarnos por estar con personas que son puros de corazón y que aman a Dios. Este tipo de personas deberíamos buscar en una relación de pareja.

¿Te podrías preguntar si hay otras características que deberíamos buscar? El siguiente versículo incluye mucha información sobre el amor. Pablo está hablando del amor puro, como el amor puro e incondicional que tenemos de Dios. Es bueno referirse a menudo y preguntarse si la persona con la que estás saliendo tiene este tipo de personalidad.

> *"El amor es paciente, es bondadoso[1]; el amor no tiene envidia; el amor no es jactancioso, no es arrogante; no se porta indecorosamente; no busca lo suyo, no se irrita, no toma en cuenta el mal recibido; no se regocija de la injusticia, sino que se alegra con la verdad; todo lo sufre, todo lo cree, todo lo espera, todo lo soporta." 1 Corintios 13: 4-7*

Si estás hablando con alguien y crees que podrías querer salir con esa persona, revisa esta lista y observa si la persona comparte los valores que son importantes. Si no, escucha a Pablo y abandona las pasiones juveniles que no son significativas para tu futuro. Continúa buscando a la persona con un corazón puro. Esa persona está buscando a alguien como tú.

Terry Overton

Lidiar con la Presión Social

"Pues ¿qué provecho obtendrá un hombre si gana el mundo entero, pero pierde su alma? O ¿qué dará un hombre a cambio de su alma?" Mateo 16:26

Es muy fácil encontrarse en el lugar equivocado y en el momento equivocado con las personas equivocadas. Esto puede acercarse sigilosamente. Antes de que te des cuenta, cuatro o cinco de tus "amigos" han decidido hacer algo que sabes que no es correcto. También sabes que se meterán en problemas y que hablarán de tí si no aceptas. Ellos pueden burlarse de ti. Tal vez decidan que ya no querrán pasar tiempo contigo.

Las palabras en el versículo son de Jesús cuando habló a sus discípulos. Él les estaba haciendo una pregunta importante. Si Él se cruzara contigo y tus amigos cuando planeaban hacer algo que no deberían hacer, Jesús te haría la misma pregunta. Él les está preguntando a los discípulos, y te pregunta a tí tambien, ¿de qué sirve ganar a tus amigos si tienes que pecar para poder hacerlo? Si participas, estarías pecando. En lugar de que este pequeño grupo de amigos traviesos hable mal de ti si no participas, tendrías a toda la escuela, a tus padres y a otras personas hablando de las cosas malas que hiciste con esos amigos. No estarías bien con Dios porque fuiste e intencionalmente hiciste algo malo. Una vez que eso sucede, ¿volviste a recuperar tu buen nombre? O,

43

como Jesús dijo, ¿qué podrías hacer para recuperar tu alma? Puede que no parezca que lo que quieren hacer tus amigos es muy malo, pero tus problemas podrían crecer si participas.

Los versículos a continuación son de Proverbios. Esto es corto, y podrías pensar en ellos cuando tengas la tentación de estar de acuerdo con tus amigos. El primero dice que si sigues con los "tontos", el daño vendrá a ti. Entonces, resiste los malos comportamientos o pecados. Pídele a Dios que te ayude a ser fuerte. Cambia el tema con tus amigos y pídeles que te acompañen para hacer algo que no los meta a todos en problemas. Piensa en esto: **en cualquier situación, actuar como si Jesús estuviera a tu lado, te mantendrá alejado de los problemas.**

"El que anda con sabios será sabio, mas el compañero de los necios sufrirá daño." Proverbios 13:20

"Hijo mío, si los pecadores te quieren seducir, no consientas." Proverbios 1:10

Hacer Frente al Bullying

"El que dice que está en la luz, y aborrece a su hermano, está aún en tinieblas." 1 Juan 2:9

No debería haber bullying. Tú lo sabes, y las personas que trabajan en tu escuela también lo saben. Pero el bullying aún puede suceder. Si te han intimidado, o sabes quién está siendo intimidado, debe ser denunciado. Por favor dile a un maestro, a un padre u otro adulto lo antes posible.

¿Por qué en el mundo alguien intimidaría a otra persona? Es tan innecesario. El versículo anterior de 1 de Juan nos dice por qué. Individuos que son las mismas personas que actúan como si fueran buenas personas. Quieren que los demás piensen que ellos nunca molestarían a nadie y que ciertamente no lastimarían a nadie. Quieren que los demás crean que están "en la luz". Pero, en verdad, actuar con odio o agresión demuestra a todos que la persona todavía está en la oscuridad. Ellos son pecaminosos. Actúan con malas intenciones. Y actuando de esta manera, está claro que no están siguiendo el ejemplo que nos dejó Jesús. Es posible que no sepan nada de Jesús. Entonces, una vez que le informaste esto a un adulto en la escuela, ¿sabes lo que Jesús quiere que hagas? Él quiere que ores por ellos. Está bien. Ora para que Dios pueda ayudar a eliminar el mal de sus corazones. Ora para que alguien, un padre, un adulto o tú y tus padres los ayuden a que conozcan a Cristo.

*"Bueno es el Señor, una fortaleza en el
día de la angustia, y conoce a los que en Él
se refugian." Nahúm 1:7*

El profeta que escribió el versículo anterior imaginó a Dios como un guerrero que lo defendería a él y a su pueblo del país con el que estaba en guerra. En el caso del bullying, Dios no bajará como un guerrero para ayudar a la persona que están siendo intimidada. Pero Dios sabe que tú o la persona que está siendo intimidada necesita ayuda en los momentos de aflicción. Él conoce a aquellos que oran por ayuda. Y la forma en que Dios pelearía por tí sería responder las oraciones en las que pedimos que la otra persona encuentre a Dios. En otras palabras, cuando la otra persona encuentra a Dios, esa persona ya no intimidará a la gente. Puede ser difícil para ti ayudar a esta persona, pero alguien más podría hacerlo tambien. Piensa en esto: **Dios quiere que ores por aquellos que no saben de Él.** Pregúntales a tus padres o a un maestro cómo puede esta persona obtener la ayuda que él o ella necesita. Luego ora para que la ayuda funcione.

Perdonar a los Demás

"Entonces se le acercó Pedro, y le dijo: Señor, ¿cuántas veces pecará mi hermano contra mí que yo haya de perdonarlo? ¿Hasta siete veces?²² Jesús le dijo: No te digo hasta siete veces, sino hasta setenta veces siete." Mateo 18: 21-22

El perdón puede parecer imposible a veces. Es especialmente difícil perdonar cuando sientes que alguien te ha hecho daño y quieres que esa persona sea castigada. Puedes sentir tanto enojo con la persona que no puedes imaginar perdonarla. Pero Jesús habló sobre la necesidad de perdonar. Cuando Pedro le preguntó a Jesús si solo debía perdonar siete veces, ¡Jesús dijo no siete veces, sino 490 veces!

¿Por qué el perdón era tan importante para Jesús cuando estaba aquí en la tierra? Él sabía que estaba aquí para morir por nosotros, para que pudiéramos ser perdonados. El perdón fue la razón por la que vino a la tierra y el motivo por lo cual fue sacrificado. Él habló seriamente sobre la importancia del perdón.

Jesús también nos dijo que debemos perdonar a los demás así como queremos nosotros ser perdonados. De hecho, dijo que si queremos el perdón, debemos también perdonar.

"Porque si perdonáis a los hombres sus transgresiones, también vuestro Padre celestial os perdonará a vosotros. ¹⁵ Pero si

no perdonáis a los hombres, tampoco vuestro Padre perdonará vuestras transgresiones." Mateo 6: 14-15

Si tienes dificultades con el perdón después de leer estos versículos, puede ayudarte recordar que la persona que hizo la acción en tu contra estaba haciendo esto por debilidad. La persona fue tentada y no pudo resistirse. La acción indica que la persona no pudo resistir la tentación. Esto es lo que estás perdonando. Piensa en esto: **estás perdonando su debilidad, así como tienes debilidades y deben ser perdonadas.** Y, después de que hayas perdonado, di una oración y pide por ti y por la otra persona para tener más fuerza y resistir la debilidad.

Perdonarte a Ti Mismo

*"Si confesamos nuestros pecados, Él es fiel
y justo para perdonarnos los pecados y para
limpiarnos de toda maldad." 1 Juan 1:9*

Aunque puede ser difícil perdonar a otros que hicieron algo malo, puedes orar al respecto, y Dios te ayudará a perdonar a la otra persona por su debilidad. ¿Pero alguna vez has pensado en lo difícil que es perdonarte a ti mismo? Como dice el versículo anterior, una vez que confesamos: estamos limpios de todos los actos que hicimos en un momento de debilidad. Eso es más fácil de decir que hacer.

¿Alguna vez has hecho algo, ya sea por un mal juicio, un error, o simplemente no estabas pensando seriamente sobre lo que estabas haciendo? Y luego, resulta horrible para ti y tal vez para alguien más. Y a pesar de que hayas pedido perdón a la otra persona y a Dios, ¿no puedes dejar de "castigarte" por el error que cometiste? Podrías seguir reviviendo la pesadilla en tu cabeza una y otra vez y preguntando, "¿Cómo pude haber hecho algo tan estúpido?"

Cuando continúas mortificándote por un error que cometiste, te estás castigando innecesariamente. ¿Sabes por qué? Si te estás castigando a ti mismo, has asumido que eres el juez porque decides si ya has sido castigado lo suficiente.

El juicio y el perdón dependen solo de Dios. Una vez que pides perdón, puedes dejar que el error se vaya. Eres salvo por gracia. Piensa en esto: **tú estás perdonado por la gracia de Dios, por lo tanto, no puedes continuar castigándose a tí mismo.** Aprende del error pero déjalo ir, has recibido la gracia de Dios.

> *"Porque por gracia habéis sido salvados por medio de la fe, y esto no de vosotros, sino que es don de Dios..." Efesisos 2:8-9*

¿Entonces, qué haces a continuación? Deja que los pensamientos negativos de autocastigo se vayan y piensa en cosas agradables. Esto es lo que Dios quiere que hagamos. En el Nuevo Testamento, Pablo escribió una carta a los Filipenses y en esa carta, instruyó a los creyentes a tener siempre buenos pensamientos.

> *"Por lo demás, hermanos, todo lo que es verdadero, todo lo digno, todo lo justo, todo lo puro, todo lo amable, todo lo honorable, si hay alguna virtud o algo que merece elogio, en esto meditad." Filipenses 4:8*

Agradecer a las Personas de tu Vida que te Desafían

"Porque no es un enemigo el que me reprocha, si así fuera, podría soportarlo; ni es uno que me odia el que se ha alzado contramí, si así fuera, podría ocultarme de él; sino tú, que eres mi igual, mi compañero, mi íntimo amigo" Salmos 55:12-13

"¿Has visto a un hombre que se tiene por sabio? Más esperanza hay para el necio que para él." Proverbios 26:12

"Sed firmes y valientes, no temáis ni os aterroricéis ante ellos, porque el Señor tu Dios es el que va contigo; no te dejará ni te desamparará." Deuteronomio 31:6

Algunos de tus amigos, maestros u otras personas que ves todos los días pueden ser personas muy difíciles aveces. El primer versículo anterior dice que es más fácil tener un enemigo que te moleste que un amigo. Si tienes algún enemigo, puedes alejarte de esa persona y no interactuar con él nunca más. Pero las personas que ves cada día pueden ser difíciles de tratar por muchas razones. Un amigo o maestro puede parecer un "sabelotodo". Este tipo de persona puede hablarle a otros de una manera que hace que todos los demás parezcan pequeños, tontos e insignificantes. Como dice el segundo versículo, ¡esta gente puede estar más allá de toda esperanza!

También puedes observar a las personas que creen "saberlo todo", que no tienen muchos amigos, ya que la gente suele evitarlos, pero a veces tienen razón sobre muchas cosas, y puedes terminar dándoles las gracias por la respuesta correcta o por la ayuda que te brindan.

Otros pueden hacerte sentir nervioso, ansioso o asustado. Un ejemplo es un maestro muy estricto pero de quien aprendiste más que de otros maestros. Otro tipo de persona difícil podría ser alguien que tenga una boca impredecible. Pueden avergonzarte o decir algo que causa inquietud entre tus amigos. Estas personas pueden no tener muchos amigos tampoco, y de hecho, tú podrías ser el único que tiene. Las personas difíciles te brindan la oportunidad de mejorar las habilidades con la gente. Si puedes entenderlos mejor, serás un gran empleado en el futuro porque habrás aprendido a llevarte bien con todos.! Esto también te ayudará a aprender sobre el compromiso que será importante en el matrimonio más adelante.

El siguiente versículo es uno que se puede aplicar a muchas situaciones y es estupendo para agradecer por las personas difíciles. Estos son solo ensayos temporales. Dios siempre está ahí para proporcionarte guía cuando le preguntes. Aprender a llevarse bien con todas las personas de la manera que Jesús esperaría, en realidad, será recompensado en el futuro. Piensa en esto: **Dios puso a estas personas en tu camino para que puedas aprender estas lecciones sobre la gente.** ¡Agradécele por estas oportunidades!

"En lo cual os regocijáis grandemente, aunque ahora, por un poco de tiempo si es necesario, seáis afligidos con diversas prueba, para que la prueba de vuestra fe, más preciosa que el oro que perece, aunque probado por fuego, sea hallada que resulta en alabanza, gloria y honor en la revelación de Jesucristo." 1 Pedro 1:6-7

Tiempos Difíciles en las Relaciones Románticas

"Y el Señor Dios dijo: No es bueno que el hombre esté solo; le haré una ayuda idónea." Génesis 2:18

Cuando Dios creó al hombre, supo que necesitaría una compañía. Y entonces, aquí estamos ahora. Hombres y mujeres, niños y niñas. En verdad, Dios no dio exactamente a Adán y Eva un manual. Simplemente les dijo que había una cosa que no deberían hacer ... ¡y ya saben cómo terminó esa historia! Entonces, la mejor manera de trabajar las relaciones de tipo románticas antes y durante el matrimonio, es un misterio. ¡Pero puede ser un maravilloso misterio! Puede ser tan emocionante y excitante. ¡Pero las relaciones románticas en la adolescencia pueden ser simplemente confusas!

Siempre es emocionante comenzar a salir con una nueva persona. Es divertido conocer a esa persona, lo que le gusta hacer, la música que le gusta escuchar y los lugares a los que le gusta ir. Cuando pasas más tiempo con esa persona con la que sales; tienes oportunidades para largas conversaciones y experiencias divertidas. Pero, a veces suceden situaciones difíciles. Estas situaciones pueden ser momentos incómodos cuando estás hablando de tus amigos y te das cuenta de que la otra persona no se lleva bien con uno de ellos. Puede ser incómodo cuando dices algo que crees que puede ser divertido, pero la persona con la que estás saliendo lo toma como un insulto o no entiende el significado. Pueden haber problemas aún más graves cuando estás saliendo con alguien. Tal vez la otra persona está tomando más seriamente la relación que tú. Tal vez dice o hace algo que te hace sentir incómodo. O tal vez sientas más por la persona de lo que él o ella siente por ti… ¿Cómo manejas este tipo de situaciones?

"Confía en el Señor con todo tu corazón, y no te apoyes en tu propio entendimiento. Reconócele en todos tus caminos, y Él enderezará tus sendas." Proverbios 3:5-6

Puedes consultar las Escrituras, como el versículo anterior, que te dice que confíes en Dios con todo tu corazón y que trates de no resolverlo por tu cuenta. Solo confía en que la forma en que Dios quiere que manejes todas las demás situaciones es la misma que manejarías en las relaciones de parejas. Confía en Dios para mantener un camino recto. Y también recuerda que Dios te dio padres y otros adultos en tu vida para ayudarte e instruirte en todas las cosas, incluyendo las relaciones románticas. Si algo simplemente no te parece correcto, confía en tu corazón. Presta mucha atención a tus sentimientos. Si te sientes incómodo por algo, hay una razón para ello. Dios te está ayudando en ese momento a escuchar tu corazón y tomar la decisión correcta.

"Tú, sin embargo, persiste en las cosas que has aprendido y de las cuales te convenciste, sabiendo de quiénes las has aprendido." 2 Timoteo 3:14

Piensa en esto: **Dios y tus padres siempre te cuidan; hazle preguntas difíciles y sigue sus consejos.** Ora. Agradece por tu familia y su amorosa guía.

Alabando a Dios (Dale a Dios la Gloria)

"Y todo lo que hacéis, de palabra o de hecho, hacedlo todo en el nombre del Señor Jesús, dando gracias por medio de Él a Dios el Padre." Colosenses 3:17

El versículo anterior es bastante sencillo. Pero es útil comprender el contexto de estas palabras en la Biblia. Puedes recordar que Pablo fue seleccionado por Dios para difundir las buenas nuevas de Jesús. Pero él no era creyente al principio. De hecho, él estaba en contra del cristianismo. Pero, una vez que se hizo creyente, escribió muchas cartas a diferentes congregaciones para explicar las enseñanzas de Jesús. ¡De hecho, Pablo escribió 12 de los 66 libros en la Biblia! Antes de que él escribiera el versículo a la congregación, les dijo que debían vivir su nueva vida en Cristo, seguir la justicia, resistir el pecado y tener mucho cuidado con las enseñanzas falsas. Quería estar seguro de que las personas de esta congregación sabían que todas sus bendiciones se debían al amor y la gloria de Dios, sin importar lo que escucharan de los falsos maestros.

Al pensar en tu vida y en el mundo de hoy, tienes tantas bendiciones y oportunidades, al igual que los Colosenses, todo lo que tienes es por el amor de Dios. Pero cuando has trabajado muy duro para lograr algo, es comprensible que quieras obtener algo de crédito. Eso es verdad. Hiciste el esfuerzo. Hiciste el trabajo duro. Pero tus habilidades, tu energía, tu fuerza, tu mente, son todos regalos de Dios. Entonces, cuando tengas un resultado maravilloso, ganes una competencia de natación, un concurso de bandas, obtengas una calificación excelente en una tarea, felicítate y agradece a Dios por brindarte tus habilidades para tener éxito. Piensa en esto: **tu hiciste el trabajo, ¡y Dios te dio la habilidad para hacerlo!**

"Pero a Dios gracias, que nos da la victoria por medio de nuestro Señor Jesucristo." 1 Corintios 15:57

Una vez que te otorguen los premios, y hayas dado gracias a Dios, recuerda alabarlo y dejar que los demás sepan cuán agradecido estás con Dios y con tus compañeros de equipo, amigos y otros, por su ayuda.

"Con cántico alabaré el nombre de Dios, y con acción de gracias le exaltaré." Salmos 69:30

Dirígete a Dios en Tiempos de Dolor y Regocíjate

"Porque para este propósito habéis sido llamados, pues también Cristo sufrió por vosotros, dejándoos ejemplo para que sigáis sus pisadas." 1 Pedro 2:21

No importa lo que te digan, la vida está llena de altibajos. Tendrás días maravillosos y tendrás días en que te preguntarás por qué te levantaste de la cama. Nuestros días malos pueden incluir sentimientos de estrés, ansiedad y dolor. Podemos tener síntomas físicos de dolor y estrés, o podemos experimentar dolor mental o psicológico. Durante estos días, es difícil recordar que tenemos una nueva vida en Cristo y que nuestras vidas son muy alegres. Cuando nos detenemos por un momento y recordamos que somos creyentes, el versículo de arriba tiene mucho sentido. Todos estamos tratando de hacer el bien, tal como fuimos llamados a hacer. Sin embargo, tendremos dolor y sufrimiento. Pero, también lo vivió Jesús. Él se hizo humano para que pudiera relacionarse con nuestros problemas y sentimientos y también para que supiéramos que comprende nuestros sufrimientos. Él caminó estos mismos pasos de dolor e incluso ansiedad. Imagina: Él sabía que iba a sufrir por nosotros, sin embargo continuó amando a la gente y ayudando a todos los que pidieron su ayuda, y lo hizo con un corazón alegre.

"Y después de que hayáis sufrido un poco de tiempo, el Dios de toda gracia, que os llamó a su gloria eterna en Cristo, Él mismo os perfeccionará, afirmará, fortalecerá y establecerá." 1 Pedro 5:10

En este versículo, se nos recuerda que, después de nuestro sufrimiento, seremos más fuertes. Somos hijos del Rey. Seremos restaurados y fortalecidos. ¿Qué deberíamos hacer cuando estamos en medio del dolor? Simplemente pedir la ayuda de Dios sin importar lo que esté sucediendo en nuestras vidas. Piensa en esto: **Jesús sufrió, y Él comprende nuestro dolor y puede darnos fortaleza.** Cuando nuestro dolor nos acerca a Dios, nos sentimos mejor y Él se regocija en nuestra fe. Dios te ha bendecido con su gracia y te hará más fuerte.

"¿No te lo he ordenado yo? ¡Sé fuerte y valiente! No temas ni te acobardes, porque el Señor tu Dios estará contigo dondequiera que vayas." Josué 1:9

Terry Overton

Lidiando con la Ira

Podemos enojarnos muy rápido. A veces podemos tener una buena razón para enojarnos. Alguien dijo algo que no tenía sentido, nos hizo daño, nos insultó o hizo algo contra nosotros. Otras veces, el comportamiento de una persona puede ser malinterpretado. Tal vez pensaron que estaban diciendo algo gracioso y nosotros lo malentendimos. Tal vez estaban haciendo una broma, pero nos molestó. Tal vez incluso conspiraron con otras personas para hacernos algo feo. Quizás nos mintieron. Podemos enojarnos ¿Qué hizo Dios cuando estaba enojado?

"Por amor a mi nombre contengo mi ira, y para mi alabanza la reprimo contigo a fin de no destruirte." Isaías 48:9

En este versículo del Antiguo Testamento, Dios está expresando su enojo hacia Israel. Luego Él dice, a pesar de que está enojado con ellos, no va a mostrar su ira. Nos dice que está frenando su ira, por lo que no "eliminará" ni destruirá a Israel. En este ejemplo, vemos a Dios demostrándonos qué debemos hacer con la ira. Apartar la ira.

"Airaos, pero no pequeis; no se ponga el sol sobre vuestro enojo, ni deis oportunidad al diablo." Efesios 4:26-27

En la carta de instrucciones de Pablo a los Efesios, él ofrece muchos consejos sobre cómo la

61

congregación debe manejar su enojo. Primero les dice que se encarguen de la ira rápidamente. No debemos albergar enojo. ¡Una de las cosas que podríamos hacer en un momento de debilidad es dejar que la ira salga volando de nuestras bocas! ¡Oh! ¡Pablo incluso se ocupa de eso!

> *"No salga de vuestra boca ninguna palabra mala, sino sólo la que sea buena para edificación, según la necesidad del momento, para que imparta gracia a los que escuchan." Efesios 4:29*

Él instruyó a la congregación a usar su boca solo para buenos comentarios. Nuestros padres solían decirnos lo mismo: si no puedes decir algo bueno, ¡no digas nada! Pero Pablo continúa diciéndonos, tal como lo hizo Jesús, que cuando sentimos enojo, tenemos que deshacernos de todo ese mal comportamiento y ser amables los unos con los otros.

> *"Sea quitada de vosotros toda amargura, enojo, ira, gritos, maledicencia, así como toda malicia. Sed más bien amables unos con otros, misericordiosos, perdonándoos unos a otros, así como también Dios os perdonó en Cristo." Efesios 4:31-32*

Piensa en esto: **debemos perdonar a quienes nos hacen enojar.** Puede ser difícil hacerlo al instante. Por lo tanto, respira profundamente, aparta la ira de tí como lo hizo Dios con Israel, y luego piensa cómo puedes perdonar a la persona por su debilidad. Lo más probable es que si das el primer paso para hacer las paces con aquellos que te enojaron, también ellos tomarán medidas para resolver el problema.

La Voz de Dios

"En el principio existía el Verbo, y el Verbo estaba con Dios, y el Verbo era Dios."
Juan 1:1

Todo comenzó con Dios. Dios, siendo demasiado grande para que realmente podamos comprenderlo, se comunicó con la humanidad a través del conocimiento divino. Este conocimiento fue escrito, durante miles de años, en los libros, ahora lo conocemos como la Biblia. Entonces, la voz de Dios se escucha de muchas maneras. La primera fue a través de la palabra de Dios que es la Biblia. El conocimiento que está contenido en la Biblia es la palabra viva de Dios.

Pero El respondiendo, dijo: Escrito está: "No solo de pan vivira el hombre, sino de toda palabra que sale de la boca de Dios." Mateo 4:4

Cuando Jesús estaba en el desierto antes de comenzar su ministerio, fue tentado por el diablo que sabía que Jesús estaba hambriento. Jesús, siendo perfecto y sin pecado, no escuchó al diablo que quería que convirtiera las piedras en pan. Jesús le dijo al diablo que no solo era el pan lo que necesitaba para sobrevivir, sino las palabras de Dios. Jesús le está diciendo al diablo, y a nosotros, cuán importantes son las palabras de Dios en nuestras vidas.

Todos sabemos que la Biblia es la palabra viva de Dios, pero algunas personas que la leen simplemente no parecen entenderla en absoluto. Pueden leerlo como lo harían con cualquier otra historia o libro. Pero para aquellos que somos creyentes en Dios, entendemos el significado de las palabras escritas de Dios. La razón por la que podemos entender estas palabras es que el Espíritu Santo nos está guiando a través de la palabra inspirada por el Espíritu. Deberíamos tomar algo del tiempo que dedicamos a las cosas divertidas que hacemos a diario para hacer nuestro estudio bíblico personal. En el versículo de abajo, Jesús estaba hablando a la gente que no creía en Él. Sabía que no tenían el Espíritu dentro de ellos para entender lo que les estaba diciendo.

"El que es de Dios escucha las palabras de Dios; por eso vosotros no escucháis, porque no sois de Dios." Juan 8:47

En otro momento, Jesús estaba siendo cuestionado una vez más por una multitud que no creía en Él. De nuevo, Él declaró que aquellos que creen pueden entender lo que Él estaba diciendo.

"Mis ovejas oyen mi voz, y yo las conozco y me siguen." Juan 10:27

Nosotros hoy en día, para escuchar la palabra de Dios, lo hacemos leyendo su Palabra. Ya que somos capaces de entender los significados, podemos escuchar la voz de Dios. Él nos está hablando a través de la palabra escrita. Como creyente, una vez que te familiarizas con las palabras de Dios, puedes escuchar su voz incluso cuando no estás leyendo la Biblia en ese mismo momento. El Espíritu Santo guarda esos significados en tu corazón y mente. Es por eso que es posible que puedas decir exactamente lo que Dios quiere que hagas en distintas situaciones. Piensa en esto: **la voz de Dios está dentro de aquellos que han aceptado a Jesús en sus corazones y recuerdan las palabras de Dios en sus mentes.** Sigue leyendo. Sigue estudiando las palabras y la voz estará disponible para ti.

Dar De Corazón

"Jesús se sentó frente al arca del tesoro, y observaba cómo la multitud echaba dinero en el arca del tesoro; y muchos ricos echaban grandes cantidades. Y llegó una viuda pobre y echó dos pequeñas monedas de cobre, o sea, un cuadrante. Y llamando a sus discípulos, les dijo: En verdad os digo, que esta viuda pobre echó más que todos los contribuyentes al Tesoro, porque todos ellos echaron de lo que les sobra, pero ella, de su pobreza echó todo lo que poseía, todo lo que tenía para vivir." Marcos 12:41-44

Puedes sentir que no tienes nada que dar a otras personas. Como el versículo anterior nos dice, Jesús no cree que la cantidad de lo que das sea lo importante. Él nos dice que lo importante es tu disposión a dar todo lo que tengas. Por lo tanto, si no tienes mucho dinero para donar a algo que te apasiona mucho, está bien. Puedes donar lo que tienes. En el versículo anterior Jesús notó que la viuda dio un centavo, pero eso era más significativo que lo que otras personas habían dado. Entonces, no es la cantidad lo que importa, sino dar con el corazón.

"Si un hermano o una hermana no tienen ropa y carecen del sustento diario, y uno de vosotros les dice: Id en paz, calentaos y saciaos, pero no les dais lo

necesario para su cuerpo, ¿de qué sirve?"
Santiago 2:15-16

En todo os mostré que así, trabajando, debéis ayudar a los débiles, y recordar las palabras del Señor Jesús, que dijo: "Más bienaventurado es dar que recibir." Hechos 20:35

En estos versículos, vemos que dar debe incluir satisfacer las necesidades de las personas que son pobres, o que necesitan las cosas básicas que todos los seres humanos necesitan. No deberíamos contentarnos con ser amables con ellos y pensar que es suficiente. Si otros están sufriendo, debemos ayudarlos. Y, ¡cualquier tipo de donación a los necesitados es en realidad mayor bendición para el dador! Entonces, deberíamos alegramos de que podemos ayudar a otros. Dar nos hará sentir mejor que cuando recibimos un regalo. Piensa en esto: **dar de corazón es mejor que cualquier cosa que puedas recibir.**

Una de las instrucciones más importantes que nos da Jesús, es no alardear cuando ofrendamos o ayudamos a los necesitados. Debemos guardarlo para nosotros. En Mateo, Jesús dijo que a algunas personas les gusta tocar la trompeta para anunciar su ofrenda. Están dando solo para llamar la atención. Esto no es dar desde el corazón. ¡Jesús dijo que incluso nuestra mano izquierda no debería saber lo que está haciendo nuestra mano derecha! ¡Como un secreto!

"Pero tú, cuando des limosna, que no sepa tu mano izquierda lo que hace tu derecha, para que tu limosna sea en secreto; y tu Padre, que ve en lo secreto, te recompensará." Mateo 6: 3-4

Responsabilidad

"Porque cada uno llevará su propia carga." Gálatas 6:5

La responsabilidad es un tema que a veces nos hace encogernos de hombros y decir: "Uh oh, aquí vamos, otro sermón." ¡Podríamos pensar que la responsabilidad es de la que todos nuestros padres y maestros hablan! Escuchamos la palabra "responsabilidad" que se usa en los deberes, el trabajo escolar, el trabajo para otras personas si tenemos un empleo, el trabajo en la casa, como la limpieza y la lavado de ropa. De hecho, la responsabilidad puede ser una palabra bastante aburrida.

Y luego miramos lo que la Biblia dice acerca de esa palabra. ¿Sabías que el versículo anterior fue escrito por Pablo a la congregación en Galacia porque estaba preocupado por esta congregación? A los miembros de esta congregación, que recientemente se habían convertido en seguidores de Cristo, se les dijo que trabajaran arduamente para la iglesia. Pablo les dijo que no alardearan de su trabajo, sino que juzgaran por sí mismos si su trabajo era lo suficientemente bueno, ya que todos tendrían que cargar con su propia responsabilidad. Todos los miembros debían trabajar juntos y no preocuparse por quién era mejor.

"Ahora bien, el que planta y el que riega son una misma cosa, pero cada uno recibirá su propia recompensa conforme a su propia labor." 1 Corintios 3:8

Es interesante que este mensaje fue escrito por Pablo a otra congregación, los Corintios, que estaban preocupados por quién estaba haciendo qué. ¿Quién está trabajando más duro? ¿Quién recibirá la gloria? Él le dijo a la congregación que su trabajo es para Dios y que Él será el que pague la recompensa. Pablo nos recuerda que todos trabajamos para la misma iglesia y el mismo propósito.

"Pero teniendo dones que difieren, según la gracia que nos ha sido dada, usémoslos:si el de profecía, úsese en proporción a la fe; si el de servicio, en servir; o el que enseña, en la enseñanza; el que exhorta, en la exhortación; el que da, con liberalidad; el que dirige, con diligencia; el que muestra misericordia, con alegría." Romanos 12:6-8

En su carta a los creyentes romanos, Pablo nos recuerda a todos que, además de que cada uno de nosotros haga nuestro propio esfuerzo, debemos hacerlo con alegría. Nos dijo algo muy importante aquí. Todos tenemos diferentes talentos. Todos deberíamos trabajar igualmente duro y alegremente, pero podríamos estar haciendo cosas diferentes. Piensa en esto: **Dios dice que es nuestra responsabilidad trabajar duro, usar nuestros talentos y dones, y hacerlo con alegría.** Pablo les dijo a los creyentes que no debemos preocuparnos por quién es mejor, quién trabaja más duro, pero en cambio, todos debemos estar alegres al llevar a cabo nuestras propias responsabilidades.

¡Resulta que la palabra responsabilidad es muy importante! Cada uno de nosotros debemos llevar nuestra propia carga alegremente.

Compromiso

"Pero Jesús le dijo: Nadie, que después de poner la mano en el arado mira atrás, es apto para el reino de Dios." Lucas 9:62

Con el paso de los años, a medida que creciste, escuchaste que tus padres te contaron sobre el compromiso. Quizás le dijiste a alguien que cuidarías de su hijo, pero luego un amigo te llamó con una invitación divertida y querías dejar el trabajo de niñera. Tal vez te uniste a un equipo deportivo y luego decidiste que no te gustaba practicar tantos días a la semana. Pero tus padres y tu entrenador dijeron: "Ya hiciste el compromiso". Y, por supuesto, siempre existe el compromiso con la escuela, tus calificaciones y tu futuro.

En el versículo anterior de Lucas, él nos contó la historia acerca de Jesús hablando a los nuevos creyentes. Jesús estaba informando a estos nuevos creyentes que si dicen que quieren formar parte de su reino, no hay que mirar hacia atrás. Una vez que te comprometes, debes aferrarte a eso. Tienes que estar "todo incluido" si estás buscando la recompensa final.

Comprometernos con Dios y creer en Jesús nos beneficia mientras estamos aquí en la tierra también. Como dicen los versículos a continuación, cuando te comprometes con Dios y oras a Él, Él te responderá. Puede que no sea de la manera que esperarías, pero la respuesta vendrá. Y sean cuales sean tus obras, cuando estás haciendo estas obras para glorificar a Dios, las cosas funcionarán como deberían.

> *"Encomienda al Señor tu camino, confía en El, que El actuará;" Salmos 37:5*

> *"Encomienda tus obras al Señor, y tus propósitos se afianzarán." Proverbios 16:3*

Pero, ¿qué pasa con los compromisos mutuos? Es comprensible que comprometerse con Dios beneficie a los cristianos mientras actúan ayudando a las personas y a la iglesia. Pero, la Biblia también sugiere que debemos mantener los compromisos que nos hacemos el uno al otro. Comprometerse a hacer algo es hacer una promesa. La persona a quien hiciste la promesa está esperando que hayas hecho el compromiso con todo tu corazón, de que harás lo que prometiste. Esto es serio para los cristianos. Los versículos a continuación del Nuevo y Antiguo Testamento nos dicen que, si estamos siguiendo a Dios como verdaderos creyentes, debemos considerar nuestras promesas con seriedad. Y, una vez que nos comprometemos, hacemos lo que prometimos con amor.

> *"Por tanto, dejando a un lado la falsedad, hablad verdad cada cual con su projimo, porque somos miembros los unos de los otros." Efesios 4:25*

> *"Los labios mentirosos son abominación al Señor, pero los que obran fielmente son su deleite." Proverbios 12:22*

Piensa en esto: **un compromiso con Jesús y la iglesia incluye ser sincero con Dios y con los demás.** Si tienes dudas sobre los compromisos, consulta estos versículos. Ora. Y actúa con tu corazón.

Dios Como el Hijo

"Y el Verbo se hizo carne, y habitó entre nosotros, y vimos su gloria, gloria como del unigénito del Padre, lleno de gracia y de verdad." Juan 1:14

"Yo y el Padre somos uno" Juan 10:30

Comprender que Dios es tres en uno es un concepto complejo. Esto fue difícil de entender para las personas cuándo Jesús caminó en la tierra. De hecho, el pueblo judío de la época, y más específicamente los sacerdotes de los templos, no lo entendieron. Simplemente no podían sus cerebros entender el hecho de que la presencia de Dios estaba entre ellos en la forma de un ser humano. Esta falta de comprensión condujo a la crucifixión final. Para lograr que el grupo inicial de seguidores entendiera lo que estaba sucediendo, en los versículos acontinución del libro de Marcos, Dios anunció a la gente que Jesús era realmente Su Hijo cuando fue bautizado por Juan.

"Y vino una voz de los cielos, que decía: Tú eres mi Hijo amado, en ti me he complacido." Marcos 1:11

Jesús rápidamente le permitió a sus seguidores saber que su poder era de su Padre. Jesús a menudo hablaba de Su Padre en el Cielo y del Espíritu Santo. Jesús vino a vivir entre la gente de la tierra para que Él pudiera mostrarnos cómo vivir nuestras vidas. Pero su Padre sabía que para que creyéramos que Jesús era

de Dios, teníamos que saber que Jesús no tenía
pecado, como su Padre; Jesús sufrió dolor como
nosotros. Es por eso que era importante para Él estar
aquí en la tierra y luego ser sacrificado por nuestros
pecados. Solamente a través de nuestra creencia en
Jesús podemos llegar al Reino.

> *"Por eso Jesús, respondiendo, les
> decía: En verdad, en verdad os digo que el
> Hijo no puede hacer nada por su cuenta,
> sino lo que ve hacer al Padre; porque todo
> lo que hace el Padre, eso también hace el
> Hijo de igual manera." Juan 5:19*

> *"Por eso Jesús dijo: Cuando levantéis
> al Hijo del Hombre, entonces sabréis que yo
> soy y que no hago nada por mi cuenta, sino
> que hablo estas cosas como el Padre me
> enseñó." Juan 8:28*

Piensa en esto: **Dios el Padre envió a su Hijo para
que podamos entender nuestro propio camino al
cielo.** El Espíritu Santo nos ayuda a entender esta
compleja relación entre Dios el Padre y Su Hijo.

Dios Como el Padre

"Antes que los montes fueran engendrados, y nacieran la tierra y el mundo, desde la eternidad y hasta la eternidad, tú eres Dios." Salmos 90: 2 Dios.

Que palabra más increíble ¿Qué piensas sobre el concepto de Dios? Dios creó todo y ha existido siempre y siempre estará. Ese es un pensamiento asombroso. ¡Imagina, creando todo! ¡Solo mira fuera de tu ventana al mundo y piensa en la mente de Dios que puede crear todo lo que ves afuera! ¡Es demasiado para pensar! ¡Cuán compleja debe ser su mente! Como nos recuerda el versículo anterior del Salmo, Él estuvo aquí antes que nada y siempre permanecerá.

"Un solo Dios y Padre de todos, que está sobre todos, por todos y en todos." Efesios 4:6

Dios el Padre de todo no solo tiene una mente inimaginable, sino que tiene toda la fuerza y el poder sobre todas las cosas. Él hace que los elementos nos proporcionen el clima, el agua, la tierra, el sol, el viento y, lo que es más sorprendente, el poder dentro de nuestros propios corazones y mentes. Siempre puedes pedir ayuda a Dios Padre, fuerza, coraje, amor y esperanza. Él siempre escucha y sabe cómo proporcionar lo que necesitamos.

"Mas ahora, oh Señor, tú eres nuestro Padre, nosotros el barro, y tú nuestro alfarero; obra de tus manos somos todos nosotros." Isaías 64:8

Nuestro Padre celestial nos transforma en la mejor persona que podemos ser cuando dependemos de Él. Cuando piensas en Él antes de hacer o decir cosas, Él te guiará. Te proporciona la experiencia, el aprendizaje y las pruebas que necesitas para vivir más como Él espera. Las pruebas de la vida pueden ser difíciles, pero sabemos que se nos proporcionan para hacernos mejores personas.

Pero lo más asombroso que Dios ha hecho por nosotros fue darnos a Su Hijo. Sabía que los humanos no pueden vivir vidas perfectas. Nos ama tanto que desea ayudarnos cuando nos meternos en problemas. Dios el Padre nos dio a Dios el Hijo.

"Porque de tal manera amó Dios al mundo, que dio a su Hijo unigénito, para que todo aquel que cree en El, no se pierda, mas tenga vida eterna." Juan 3:16.

Piensa en esto: **Dios el Padre, creador de todo, nos dio el regalo de la vida eterna, sacrificando a su único Hijo por nosotros**. Este es nuestro mayor regalo y es el mayor amor que recibiremos en nuestra vida. Agradécele todos los días.

Dios Como el Espíritu Santo

"Porque todos los que son guiados por el Espíritu de Dios, los tales son hijos de Dios." Romanos 8:14

Comprender el Espíritu Santo o el Espíritu de Dios puede ser difícil. A veces pensamos en un espíritu como un fantasma o una ráfaga de viento que simplemente pasa volando. Pero el Espíritu Santo no es así. Todos los creyentes son tocados por el Espíritu de Dios. Como dice el versículo anterior, somos guiados por el Espíritu. Para los creyentes, el Espíritu es tan real que se puede sentir dentro. Es lo que escuchamos cuando leemos las Escrituras. El Espíritu está en nuestras mentes cuando le pedimos guía a Dios. El Espíritu llena tu corazón de amor por los demás. El Espíritu está dentro de nosotros todo el tiempo.

"Enseguida los hermanos enviaron de noche a Pablo y a Silas a Berea, los cuales, al llegar, fueron a la sinagoga de los judíos. Estos eran más nobles que los de Tesalónica, pues recibieron la palabra con toda solicitud, escudriñando diariamente las Escrituras, para ver si estas cosas eran así." Hechos 17:10-11

A diferencia de los incrédulos, los Bereanos aceptaron, acogieron o recibieron con entusiasmo la Palabra de Dios. Pablo dijo que los Tesalonicenses "recibieron [dechomai] la palabra, a pesar de estar en mucha aflicción, con la alegría del Espíritu Santo". (1

Tes 1: 6) Al principio, cuando una persona aprende las buenas nuevas, obtendrá un conocimiento exacto de las Escrituras (1 Tim 2: 3-4), y si su corazón es receptivo, comenzará a aplicarlas en su vida, quitándose a la vieja persona y poniendo a la nueva persona. (Ef 4: 22-24) Al ver cómo las Escrituras han comenzado a alterar su vida, comenzará a tener fe genuina en las cosas que ha aprendido (Heb 11: 6), arrepintiéndose de sus pecados. (Hechos 17: 30-31) Él cambiará su vida, y sus pecados serán borrados. (Hechos 3:19) En algún momento, irá a Dios en oración, diciéndole al Padre que desea dedicar su vida a Él, para llevar a cabo su voluntad y sus propósitos. (Mt 16:24, 22:37). Esta regeneración es el Espíritu Santo trabajando en su vida, dándole una nueva naturaleza, colocándole en el camino de la salvación. 2 Corintios 5:17.

El Espíritu Santo nos guiará hacia y a través de la verdad, si nuestras acciones están en armonía con nuestras oraciones para tener una comprensión correcta. Nuestro trabajo en armonía con el Espíritu Santo significa que nos tomamos el tiempo para un programa de estudio personal, sin mencionar el tiempo para prepararse adecuadamente y con cuidado para nuestras reuniones cristianas. En estos estudios, no esperes que el Espíritu Santo nos brinde un destello de comprensión milagrosamente, pero la comprensión llegará a nosotros cuando dejemos de lado nuestros prejuicios personales, cosmovisiones, imperfecciones humanas, presuposiciones, abriendo nuestra disposición mental a la dirección de el Espíritu mientras estudiamos.

El Espíritu Santo solo trabaja a través de la Palabra en la conversión de los pecadores. En otras palabras, el Espíritu Santo actuando a través de la Palabra de Dios puede guiar a una persona a su manera (si se aplica correctamente). El Espíritu Santo transforma a una persona, capacitándolo a través de la Palabra de Dios, para vestirse de la "nueva persona" que se requiere de los verdaderos cristianos: "Entonces, como escogidos de Dios, santos y amados, revestíos de tierna compasión, bondad, humildad, mansedumbre y paciencia." (Colosenses 3:12).

> *"Y yo rogaré al Padre, y El os dará otro Consolador para que esté con vosotros para siempre; es decir, el Espíritu de verdad, a quien el mundo no puede recibir, porque ni le ve ni le conoce, pero vosotros sí le conocéis porque mora con vosotros y estará en vosotros." Juan 14:16-17*

El Espíritu nos ayuda a reconocer el bien del mal. Conoce la verdad sobre Jesús y Dios y los mantiene en tu corazón y mente. El versículo siguiente nos dice que el Espíritu, que nos ha dado Dios, nos guía y proviene de Dios.

> *"Pero cuando El, el Espíritu de verdad, venga, os guiará a toda la verdad, porque no hablará por su propia cuenta, sino que hablará todo lo que oiga, y os hará saber lo que habrá de venir." Juan 16:13*

Piensa en esto: **el Espíritu Santo, dado por el Padre a petición del Hijo, está siempre contigo.**

Escucha este maravilloso recurso de Dios que te ama. El Espíritu te guiará y te ayudará.

Tomando Decisiones

"Entonces discernirás justicia y juicio, equidad y todo buen sendero; porque la sabiduría entrará en tu corazón, y el conocimiento será grato a tu alma; la discreción velará sobre ti, el entendimiento te protegerá, para librarte de la senda del mal, del hombre que habla cosas perversas..." Proverbios 2: 9-12

Te enfrentas a elecciones todos los días. Algunas son fáciles, y ni siquiera tienes que pensar antes de responder. ¿Quieres huevos o cereal? ¿Necesitas un abrigo para salir? Pero otras opciones son más complicadas, y te encuentras pensando antes de tomar la decisión. ¿Dices sí a la invitación a una fiesta en la casa de un amigo cuando no conoces muy bien a ese amigo? ¿Dices sí a la invitación a la fiesta cuando sabes que los padres no estarán allí? ¿Decides ir a la universidad o conseguir un trabajo y ayudar a tu familia?

El versículo anterior de Proverbios se toma de una sección en la que un padre le está dando consejos a su hijo. El punto principal de este consejo es que si el hijo se basa en la sabiduría, teniendo conocimiento de lo que Dios espera, entonces él puede tomar la decisión correcta. El conocimiento sobre lo que Dios quiere que hagamos nos ayudará a tomar una buena decisión, ya que podemos ser cautelosos y discernir entre una elección y otra. A veces, cuando estas opciones son muy cercanas, podemos hacer una lista de pros y contras, y esto nos ayudará a ver lo que Dios esperaría de nosotros. El padre también le dijo a su hijo que aplicar el conocimiento sabiamente lo protegería de tomar una decisión equivocada, lo que sería una mala elección.

"Porque yo os daré palabras y sabiduría que ninguno de vuestros adversarios podrá resistir ni refutar." Lucas 21:15

El versículo anterior Jesús les decía a sus discípulos que serían tomados prisioneros, perseguidos y que sus vidas estarían en peligro, ¡pero no se preocupen! ¿Por qué? Porque Dios les proporcionaría el conocimiento que necesitarían. Sus enemigos no podían encontrar ninguna respuesta cuando los discípulos hablaron. Ahora, si Jesús mismo habló de usar la sabiduría de Dios para responder a situaciones difíciles, entonces esta misma sabiduría es muy importante para tí también.

"Sino que hablamos sabiduría de Dios en misterio, la sabiduría ocultaque, desde antes de los siglos, Dios predestinó para nuestra Gloria." 1 Corintios 2:7

En esta carta que Pablo escribió a los creyentes en Corinto, él dijo que los creyentes tienen una sabiduría secreta que Dios ha conocido y decretado desde el principio. Ese conocimiento secreto es del Espíritu Santo. Para los cristianos, sabemos que el Espíritu Santo ya está en nosotros. Esa es la voz con la que razonas en tu propia mente, que te guiará para tomar la decisión que Dios quiere que tomes. Piensa en esto: **El Espíritu Santo te guiará para tomar las decisiones que Jesús tomaría.** Escucha el conocimiento. Lee sobre ello. Ora por guía cuando las decisiones son difíciles. Si tomas una decision incorrecta, podría afectar el resto de tu vida. Es lo que se llama una "decisión de vida". En otras palabras, desde ese día en adelante, todo empeoraría si tomas una decisión equivocada. Aprende a depender de tu conocimiento secreto.

.

Controlando tus Emociones

"No te apresures en tu espíritu a enojarte, porque el enojo se anida en el seno de los necios." Eclesiastés 7:9

"¿Y quién de vosotros, por ansioso que esté, puede añadir una hora al curso de su vida?" Mateo 6:27

"Y mi alma ha sido privada de la paz, he olvidado la felicidad." Lamentaciones 3:17

Nuestras mentes son capaces de muchas emociones. A veces es difícil estar seguro de que estás reaccionando de la manera correcta y con la cantidad correcta de una emoción específica. Cuando tienes una experiencia frustrante con un amigo, tus emociones pueden ir desde la decepción hasta la ansiedad, la tristeza e incluso la ira. Aquí hay un ejemplo de tus emociones cambiantes: es posible que hayas esperado que tu amigo dijera algo diferente de lo que dijo, por lo que puedes sentirte decepcionado. Y tal vez cuanto más lo pienses, comienzas a preguntarte si está enojados contigo, entonces sientes ansiedad. Y luego pasas de la ansiedad a la tristeza pensando que podrías perder un amigo. Pero tal vez también pienses que lo que pasó no lo merecías, ¡así que te enojas! ¿Algo de esto te suena familiar?

Los versículos anteriores nos dicen que reaccionar con enojo no es lo que deberían hacer aquellos que son sabios en la palabra de Dios. Reaccionar con enojo es una tontería y no es un buen uso de nuestros corazones y mentes. Preocuparse también es inútil. Cuando nos preocupamos, estamos gastando tiempo y energía que podrían usarse productivamente. En lugar de preocuparnos, podríamos estar siguiendo los ejemplos que Jesús nos dio. Podríamos hablar amablemente con la persona que nos ha molestado y realmente escuchar con nuestros corazones en lugar de reaccionar. Y recuerda que cuando nuestros corazones y mentes están llenos de emociones de ira, ansiedad y tristeza todo el tiempo, nos olvidamos de la felicidad. En el siguiente versículo, se nos dice que, cuando enfrentamos una situación o un desafío serio, debemos razonar e intentar comprenderlo en lugar de tomarlo a la ligera. En otras palabras, si la situación es grave, no deberíamos ser tontos. Es mejor ser serio, entender cualquier error o verdadera crisis, y entonces estaremos más en contacto con nuestros corazones. Este versículo nos dice que es importante saber la diferencia en todas nuestras emociones.

> *"Mejor es la tristeza que la risa, porque cuando el rostro está triste el corazón puede estar contento." Eclesiastés 7:3*

Cuando conoces a Cristo y la sabiduría en la Biblia, puedes confiar en esta sabiduría cuando te ponen en una situación emocional. Aquellos con esta sabiduría saben que deben tomarse su tiempo, no reaccionar rápidamente y orar por guía.

> *"Me darás a conocer la senda de la vida; en tu presencia hay plenitud de gozo;*

en tu diestra, deleites para siempre." Salmos 16:11

Piensa en esto: nuestras emociones son un regalo de Dios, y la sabiduría de Él y su Hijo nos guiará en cómo usar estas emociones.

Santidad y Felicidad

"No penséis que he venido para abolir la ley o los profetas; no he venido para abolir, sino para cumplir." Mateo 5:17

¿Sabías que Jesús fue un alborotador? Durante su ministerio de tres años, fue interrogado por los sacerdotes judíos en numerosas ocasiones. Los sacerdotes lo acusaron de violar sus leyes de santidad y desobedecer a los Profetas del Antiguo Testamento. Los sacerdotes insistieron en que Jesús no era santo porque Él hizo cosas, como sanar personas en el día de reposo, que iban en contra de sus leyes. Jesús se metió en problemas porque les dijo a los sacerdotes que no estaban guardando las leyes como Dios les había mandado. El propósito de Dios para la santidad era que intentáramos vivir nuestras vidas como lo hizo Jesús. Jesús les dijo a los sacerdotes que la santidad no se trataba de guardar los rituales. La santidad significa vivir tu vida amando a los demás como lo hizo Jesús, guardando los mandamientos y buscando el perdón cuando pecas. Ya que Dios sabía que los humanos no podían evitar pecar, aunque tratáramos, su Hijo podría pagar por todos nuestros pecados. Dios sabía que Jesús podría dar vida eterna a los que creen en Él. Jesús vino a la tierra solo para ser sacrificado por nosotros.

"Como hijos obedientes, no os conforméis a los deseos que antes teníais en vuestra ignorancia, sino que así como aquel que os llamó es santo,

así también sed vosotros santos en toda vuestra manera de vivir; porque escrito está: Sed santos, porque Yo soy santo." 1 Pedro 1:14-16

En el versículo anterior, se nos dice que cuando éramos niños, hacíamos cosas porque no entendíamos. Hicimos estas cosas porque estábamos emocionados y aún no podíamos pensar en las consecuencias de nuestras propias acciones. Pero cuando nos convertimos en cristianos, ahora somos hijos del Rey. Ahora debemos intentar la santidad viviendo nuestras vidas como lo hizo Jesús cuando estuvo entre la humanidad. Este tipo de santidad es diferente a la santidad de los sacerdotes durante el tiempo de Jesús. Como el siguiente versículo nos dice, si nos llevamos bien con todos, tenemos paz porque amamos a Dios y a los demás como Jesús nos enseñó, entonces estamos viviendo en santidad.

"Buscad la paz con todos y la santidad, sin la cual nadie verá al Señor." Hebreos 12:14

Pero, ¿podemos realmente ser felices si somos santos? Esto puede ser confuso porque incluso hoy en día algunas personas piensan que ser santo es lo mismo que ser religioso. Ser religioso puede significar actuar como lo hicieron los sacerdotes, simplemente manteniendo rituales pero sin realmente creer en lo que Jesús enseñó. En verdad, aquellos que son creyentes y viven como Jesús nos enseñó, serán felices. Esto es lo que Dios quiere que hagamos para ser felices. Piensa en esto: **cuando vivimos como Jesús, la Palabra de Dios inspirada por el Espíritu está** en nuestros corazones y la obedeceremos; haciendo lo bueno y correcto a los ojos de Dios, encontraremos la felicidad en Jesús.

"Sé que no hay nada mejor para ellos que regocijarse y hacer el bien en su vida." Eclesiastés 3:12

"Me deleito en hacer tu voluntad, Dios mío; tu ley está dentro de mi corazón." Salmos 40:8

Manteniendo tu Integridad

*"Orad por nosotros, pues confiamos en
que tenemos una buena conciencia,
deseando conducirnos honradamente en
todo." Hebreos 13:18*

Si busca la palabra "integridad" en el diccionario,
las definiciones se enfocan en el concepto de un
código moral. ¿Qué significa eso exactamente?
Cuando tenemos un código de buena conducta que
seguimos, tenemos un código moral. Esta idea de
integridad se menciona muchas veces en el Antiguo y
el Nuevo Testamento. En el primer versículo
anterior, los primeros maestros de las buenas nuevas
acerca de Cristo y la nueva iglesia están pidiendo que
otros oren para que el grupo de obreros por Cristo
sea honorable en todas las cosas. En el Antiguo
Testamento, se nos dice que la integridad es más
importante que tener dinero. Aquí, establece que es
mejor ser pobre siempre que tengas un buen código
moral y vivir tu vida tratando de guardar la palabra
de Dios.

*"Mejor es el pobre que anda en su
integridad, que el que es torcido, aunque
sea rico." Proverbios 28:6*

El siguiente versículo fue escrito por Pablo a la
congregación en Corinto, les recuerda a la
congregación que el enfoque no debería ser solo en
lo que es justo para Dios, sino también en cómo
tratamos a las personas. Ser justo y santo no se trata

solo de vivir en las leyes de la iglesia de ese tiempo, sino que también la integridad es importante al tratar con los demás. Esto se relaciona con el mandamiento dado por Cristo de amarse los unos a los otros.

"Pues nos preocupamos por lo que es honrado, no sólo ante los ojos del Señor, sino también ante los ojos de los hombres." 2 Corintios 8:21

El versículo de Lucas lo dice más específicamente, de que siempre tratemos a los demás cómo queremos ser tratados. Entonces, cuando lo piensas, para tener una vida de integridad, siempre debes pensar en otras personas y tratarlas como te gustaría que te trataran. Por supuesto, no le robarías a nadie porque no quieres que los demás te roben. No lastimarías ni mentirías a otros porque no quieres que otros te hagan esas cosas. Ser honesto y amable son las formas en que Jesús quiere que vivamos con integridad.

"Y así como queréis que los hombres os hagan, haced con ellos de la misma manera." Lucas 6:31

Piensa en esto: **Vivir con integridad es fácil cuando eres amable y sincero con los demás.** Al vivir con integridad, también tendrás una vida santa.

Manteniendo a Cristo en Navidad

"Por tanto, el Señor mismo os dará una señal: He aquí, una virgen concebirá y dará a luz un hijo, y le pondrá por nombre Emmanuel." Isaías 7:14

El versículo anterior es del Antiguo Testamento que fue escrito muchos años antes de que naciera Cristo. ¿Sabías que el nacimiento de Cristo fue predicho más de 500 años antes de su nacimiento? De hecho, hay al menos 10 profecías en el Antiguo Testamento sobre el nacimiento de Cristo y muchas más predicciones sobre lo que Él haría aquí en la tierra. Se habló de su nacimiento durante cientos de años antes de nacer. El pueblo de Israel sabía que Dios enviaría un salvador y estaban entusiasmados por mucho, mucho tiempo.

Cuando celebramos la temporada de Adviento en anticipación del cumpleaños de Cristo, contamos los días, como los cuatro domingos antes de Navidad. Los avisos de televisión, los anuncios en las tiendas, en Internet o en los periódicos, comienzan en octubre. Cuando celebramos la temporada de Navidad, parece que falta mucho para que llegue el día de Navidad. Pero, ¿te imaginas esperar más de 500 años para el nacimiento de Cristo?

Las personas que vivieron durante los años del Antiguo Testamento esperaban el nacimiento de Cristo porque sabían que sería enviado por Dios y cambiaría el mundo para bien. Cuando pensamos en la Navidad de hoy, el significado cambia en nuestro mundo. La Navidad ahora se asocia con regalos, Santa Claus y ventas de artículos que comienzan meses antes de Navidad. La Navidad es también el momento en que vamos a fiestas, planificamos eventos especiales, viajamos para ver a las familias, y esperamos recibir algún regalo especial.

Pero, ¿cómo podemos mantener a Cristo en Navidad? Echa un vistazo a este versículo a continuación:

"Y dio a luz a su hijo primogénito; le envolvió en pañales y le acostó en un pesebre, porque no había lugar para ellos en el mesón." Lucas 2:7

Medita en este versículo. Una mujer, lejos de su hogar, da a luz a un bebé y no hay ningún lugar para que ella, su nuevo bebé y su esposo duerman. No solo eso, están durmiendo en un establo, con animales y sin nada especial para el nuevo bebé. Este es un comienzo de mucha pobreza para la persona más grandiosa que haya caminado sobre la faz de la tierra. Esto deberíamos recordar cuando pensamos en la Navidad en lugar de pensar en las compras, las fiestas y los horarios agitados. Aquí hay algunas ideas para ayudarte a recordar a Cristo: anda a la iglesia en Nochebuena y el día de Navidad, anda a programas de música especiales o obras de teatro basadas en el nacimiento de Cristo, ayuda a tu familia a prepararse para las fiestas haciendo algo adicional sin que te lo pidan, ofrece ayudar a otras personas que quizás no conozcas mediante la donación de juguetes, visita un asilo de ancianos para cantar villancicos e himnos navideños, siéntate con tu familia y cuéntales por qué estás agradecido esta Navidad, solo por nombrar algunos. Y si realmente quieres estar seguro de que guardas a Cristo en Navidad, lee el relato de su nacimiento que se encuentra en el libro de Lucas. Este es un hermoso relato que tocará tu corazón, el verdadero significado de la Navidad. Piensa en esto: **la Navidad celebra el nacimiento del Hijo de Dios, la persona más grandiosa que haya pisado la tierra.**

Navidad regalando desde el corazón

"Que cada uno dé como propuso en su corazón, no de mala gana ni por obligación, porque Dios ama al dador alegre." 2 Corintios 9:7

La Navidad es la temporada más feliz del año para muchas personas. Este es un momento en el que puedes hacer una lista completa de cosas que quieres que te den otras personas. Haces esto porque sabes que tu familia y amigos realmente aman darte regalos. ¡Este es el momento más esperado por los miembros de tu familia! Probablemente te hayan tomado un sinnúmero de fotos sosteniendo un nuevo regalo para el pariente. Para regalos realmente especiales, pueden tratar de captar la reacción en tu cara mientras abres el paquete para ver la sorpresa en el interior. Aman ver tu felicidad.

Del mismo modo, como cristiano en crecimiento, Pablo te recuerda en su carta a la congregación en Corinto, que los dones y el acto de dar se deciden dentro del corazón. Debes decidir qué le darás a los demás. Esto no significa que tengas que gastar mucho dinero en un regalo, pero sí significa dar a los demás con un corazón alegre. Puede ser un regalo, una tarjeta de Navidad, hacer una tarea sin que te lo pidan, un trabajo difícil que sabes que ayudará a otros, o cualquier otra cosa agradable que quieras hacer por otra persona desde lo profundo de tu corazón. No es solo el hecho de que regalaste algo lo que hace feliz a Dios, sino de que lo hiciste con un corazón alegre.

"Vended vuestras posesiones y dad limosnas; haceos bolsas que no se deterioran, un tesoro en los cielos que no se agota, donde no se acerca ningún ladrón ni la polilla destruye. Porque donde esté vuestro tesoro, allí también estará vuestro corazón." Lucas 12:33-34

Al principio, parece que este versículo te está dando consejos sobre cómo obtener dinero y guardarlo. De eso no trata este versículo. Se nos recuerda que la cantidad de dinero no importa, lo importante es que prestemos atención a otras cosas además del dinero. Es una declaración importante sobre el bajo valor de las cosas materiales y el dinero y el alto valor de tu corazón. Lo que es importante en tu corazón, es dónde estará tu verdadero tesoro. Entonces, para las personas que solo piensan en el dinero, queda muy poco espacio para el amor y otros sentimientos importantes del corazón.

"Pero esto digo: El que siembra escasamente, escasamente también segará; y el que siembra abundantemente, abundantemente también segará." 2 Corintios 9:6

Cuando piensas en lo anterior y lo relacionas con dar, significa que cuando no das de ti mismo, no recibirás mucho a cambio. Pero cuando das voluntaria y alegremente de tu corazón, y lo haces con libertad, recibirás mucho. Piensa en esto: **Dar en**

Navidad no se trata de dinero o cuántos regalos obtienes, se trata de dar a los demás desde tu corazón.

Tu Mejor Esfuerzo

"Y todo lo que hagáis, hacedlo de corazón, como para el Señor y no para los hombres." Colosenses 3:23

"Hermanos, yo mismo no considero haberlo ya alcanzado; pero una cosa hago: olvidando lo que queda atrás y extendiéndome a lo que estádelante, prosigo hacia la meta para obtener el premio del supremo llamamiento de Dios en Cristo Jesús." Filipenses 3:13-14

Se nos pide que hagamos muchas cosas todos los días. Tareas, trabajo escolar y quehaceres, por ejemplo. Sabemos que siempre debemos hacer nuestro mejor esfuerzo en todo lo que nos piden nuestros maestros y nuestros padres. Y, la mayor parte del tiempo, tomamos esto en serio porque la forma en que nos comportamos cada día es un reflejo de nuestras creencias y del funcionamiento de la Santa Palabra dentro de nosotros. Los versículos anteriores nos dicen que hagamos todo nuestro trabajo para cumplir con los estándares de Dios y no de los hombres. Eso no es siempre lo que estamos pensando cuando estamos haciendo las tareas o lavando la ropa. Pero, si pensáramos en estos estándares más altos, podríamos realizar nuestro trabajo con más alegría porque sabemos que así es como Jesús quiere que trabajemos.

Pero, ¿qué pasa con las cosas que eliges hacer que están por encima de las rutinas cotidianas? Supongamos que eres miembro de un equipo deportivo y estás en una competencia. Te uniste al equipo porque te gusta el deporte y ahora vas a participar en una competencia. Esto puede ponernos nerviosos, y nuestras mentes podrían deambular por la preocupación de qué tan buenos seremos. El versículo de Filipenses arriba nos recuerda que no hacemos nada por nuestra cuenta sin Dios. Dios está siempre ahí con nosotros. Debemos mantenernos enfocados en el premio de la vida eterna que es nuestra recompensa cuando hacemos algo para la gloria de Dios.

Las cosas que podriamos elegir hacer, pueden requerir que cumplamos algunos criterios para demostrar que somos "lo suficientemente buenos" para poder participar en esa actividad. Ahora, esto realmente puede ponernos nerviosos. ¿Por qué? Porque estamos demasiado preocupados por las normas establecidas ante nosotros por el hombre y no por Dios. Aquí está la cosa, cuando te enfocas en el estándar de Dios, tratando de esforzarte al máximo para que puedas glorificar a Dios, los otros estándares en realidad no son tan aterradores. Como nos dicen los versículos siguientes, no debemos temer a nada que haya sido establecido por la humanidad. No debemos tener ansiedad o temor porque Dios estará con nosotros. Él no nos dejará. Y si necesitamos más fuerza, más conocimiento, más coraje, Él nos lo dará cuando le pidamos.

"Sed firmes y valientes, no temáis ni os aterroricéis ante ellos, porque el Señor tu Dios es el que va contigo; no te dejará ni te desamparará." Deuteronomio 31:6

"Por lo demás, fortaleceos en el Señor y en el poder de su fuerza" Efesios 6:10

Piensa en esto: **los estándares establecidos por la humanidad están por debajo de los estándares de Dios, de modo que los creyentes que luchan por trabajar para la gloria de Dios encuentren que los estándares de los hombres no son tan aterradores.** Justo antes de la competencia o prueba, cierra los ojos, pronuncia una oración rápida y siente que los brazos de Dios se envuelven a tu alrededor.

El Mundo está Cambiando

"Hay un tiempo señalado para todo, y hay un tiempo para cada suceso bajo el cielo." Eclesiastés 3:1

Estás viviendo en un tiempo y mundo de cambio. Tu propio mundo cambia todos los días en la escuela y el hogar. Todos los días ofrece nuevas oportunidades y tentaciones. Algunos de los cambios que suceden pueden ser difíciles. Hay cambios que pueden poner a prueba tu fe. Por ejemplo, descubres que tu mejor amigo se está mudando, que tu mamá o papá necesita cambiar de trabajo, o que tu maestro favorito se va a la mitad del año. Estos cambios no están bajo tu control, y debes ajustarte. Otros cambios están bajo tu control. Algunos ejemplos de esto son cambiar tu horario escolar el próximo semestre o cambiar tu trabajo después de la escuela. Puedes considerar buscar las Escrituras para que te guíen. El versículo a continuación nos recuerda que siempre debemos pedirle a Dios, en buenos cambios y cambios impredecibles, y Él nos proporcionará la sabiduría para ir en la dirección correcta cuando las cosas cambien.

"Pero si alguno de vosotros se ve falto de sabiduría, que la pida a Dios, el cual da a todos abundantemente y sin reproche, y le será dada." Santiago 1:5

No importa qué más esté sucediendo en tu vida, siempre puedes hacer un cambio para acercarte a Dios. Los primeros seguidores de Cristo descubrieron que fueron cambiados por Jesús. Nacieron de nuevo y comenzaron una nueva relación con Dios. Cambiar de esta manera, moviéndose tan cerca de Dios, es difícil de entender. Cuando los primeros seguidores trataron de explicar esto, los oyentes tuvieron dificultad para entender lo que los creyentes estaban hablando. ¡De hecho fue un misterio!

"He aquí, os digo un misterio: no todos dormiremos, pero todos seremos transformados." 1 Corintios 15:51

No te asombres de que te haya dicho: "Os es necesario nacer de nuevo". Juan 3:7

Si estás haciendo buenos cambios en tu vida o has tenido algunos cambios que estaban fuera de tu control, cada día puede ser un buen día en Cristo. Cuando los cambios te preocupen, recuerda cuánto te ama Dios. Piensa largamente sobre el amor de Jesús por ti y su gracia. Entonces recuerda este amor mientras enfrentas el día a día.

"Son nuevas cada mañana; ¡grande es tu fidelidad!" Lamentaciones 3:23

Piensa en esto: **el amor que Jesús tiene por tí nunca cambiará.** A pesar de que tu mundo puede cambiar de una manera que hace que tu cabeza gire, Dios está allí, y el amor y la gracia de Jesús siempre estará contigo.

"Jesucristo es el mismo ayer y hoy y por los siglos." Hebreos 13:8

Expectativas y Decepciones

"Porque los dones y el llamamiento de Dios son irrevocables." Romanos 11:29

Has sido bendecido con tantos regalos de Dios. Eres amable, amoroso, respetuoso y tienes un conocimiento más grande de lo que crees. Tienes el Espíritu Santo en tu corazón y mente y amas a Dios, el Padre y el Hijo. Todos los dones, talentos y bendiciones son de Dios. No importa lo que pueda salir mal en tu día, tu sabes con certeza que el don del llamado de Dios a tu corazón nunca será quitado.

"Y la paz de Dios, que sobrepasa todo entendimiento, guardará vuestros corazones y vuestras mentes en Cristo Jesús." Filipenses 4:7

El maravilloso Espíritu Santo guardará tu corazón. Cada vez que experimentes una desilusión, es el Espíritu Santo quien te levantará y te dará seguridad. Con el Espíritu dentro de ti, puedes calmar tus miedos y cualquier ansiedad que pueda surgir. Entonces, sabes que confías en Dios y simplemente miras hacia adelante.

"Confía en el Señor, y haz el bien; habita en la tierra, y cultiva la fidelidad." Salmos 37:3

"He aquí, Dios es mi salvador; confiaré y no temeré; porque mi fortaleza y

mi cancion es el Señor Dios, Él ha sido mi salvación." Isaias 12:2

Cada día das lo mejor de ti en todo lo que haces. Cuando haces tu mejor esfuerzo y las cosas aún no funcionan, no es un reflejo de tu destreza o habilidad. Simplemente, no era el día para que brillaras ... todavía. Pero con la esperanza en tu corazón y tu disposición a seguir avanzando, pronto alcanzarás tus objetivos. Piensa en esto: **el Espíritu Santo te apuntará a Jesús, y serás levantado de nuevo.**

Participando en Deportes

"Porque el ejercicio físico aprovecha poco, pero la piedad es provechosa para todo, pues tiene promesa para la vida presente y también para la futura." 1 Timoteo 4:8

"¿No sabéis que los que corren en el estadio, todos en verdad corren, pero sólo uno obtiene el premio? Corred de tal modo que ganéis." 1 Corintios 9:24

Los estudiantes en la escuela a menudo se involucran en deportes de equipo y deportes individuales por una variedad de razones. Las actividades deportivas son excelentes maneras de conocer amigos y formar relaciones con los miembros de su equipo y su entrenador. Unirse a un equipo deportivo también proporciona un medio para disciplinar tu cuerpo y mente porque se requiere que entrenes regularmente durante un período prolongado de tiempo. Las competiciones deportivas ofrecen oportunidades para alcanzar cierto nivel de competencia demostrando que tienes las habilidades y capacidades para ganar en los concursos. Cuando ganas en un concurso, obtienes reconocimiento no solo en el éste sino también después en la escuela. Estas son todas las formas en las que creces física, emocionalmente y en tus amistades.

Con todos estos motivos positivos para convertirse en miembro de un equipo y entrenar para ganar competencias, el primer versículo de arriba nos recuerda que hay algo aún más grande para entrenar y lograr. El versículo de 1 Timoteo declara que nos beneficiamos del entrenamiento, debemos entrenar nuestras mentes en la piedad y mostrar a los demás que nos estamos esforzando por ser mejores personas. Trabajamos para ser mejores para nuestro tiempo actual, para nuestros años futuros, y cuando vayamos al cielo. Y en el versículo de Corintios reconoce que todos podemos ser participantes en las competiciones deportivas, pero solo uno será el ganador. En esta carta a la gente de Corinto, Pablo nos dice que siempre trabajemos para ser lo mejor que podamos ser. Dijo que entrenemos y luego corramos duro para ganar el premio final. Cuando pensamos en nuestra vida cotidiana, podemos recordar vivir nuestras vidas con santidad y siempre pensando en el premio final con Jesús.

El siguiente versículo es un recordatorio de que todas las competiciones y todos los concurso de la vida solo valen la pena si seguimos las reglas. En la vida cristiana, nuestras reglas son las que conocemos de la Biblia y especialmente lo que Jesús nos enseñó acerca de cómo debemos tratarnos unos a otros.

> *"Y también el que compite como atleta, no gana el premio si no compite de acuerdo con las reglas." 2 Timoteo 2:5*

Y finalmente, cuando tengas éxito en los deportes y la vida, siempre debes ser humilde. Deja que otros te den elogios y reconocimiento. ¡Has escuchado a la gente decir que es importante ser un buen perdedor, pero este versículo nos recuerda que también debemos ser buenos ganadores! Ser un buen ganador refleja las palabras de Jesús sobre tratar a los demás cómo queremos ser tratados. No nos gusta escuchar a nuestros amigos presumir cuando nos vencen. Del mismo modo, no debemos presumir de nuestros triunfos, sino dejar que otros nos feliciten y luego expresar nuestro agradecimiento a ellos y a Dios.

"Que te alabe el extraño, y no tu boca; el forastero, y no tus labios." Proverbios 27:2

Piensa en esto: **en todo lo que hagas, esfuerzate en hacerlo lo mejor posible, trata a los demás de manera justa y alaba a Dios por tus éxitos.** Participar en deportes es otra forma de entrenarte para el futuro.

Agradecido e Ingrato

"Un corazón apacible es vida para el cuerpo, mas las pasiones son podredumbre de los huesos" Proverbios 14:30

"Confía callado en el Señor y espérale con paciencia; no te irrites a causa del que prospera en su camino, por el hombre que lleva a cabo sus intrigas." Salmos 37:7

Has escuchado el dicho que compara un vaso de agua que está medio lleno con un vaso de agua medio vacío. La razón por la cual se ha transmitido esta corta comparación por muchas generaciones es porque tiene un punto fuerte: es el mismo vaso y muestra que la diferencia no está en la cantidad de agua, sino en cómo se mira el vaso. Una persona que ve el vaso medio lleno podría decir "¡Todavía tengo la mitad del vaso!", Como para agradecer el agua en el vaso. Una persona que dice: "¡Solo tengo medio vaso!" Lo dice de una manera que indica que no es suficiente o que desaría tener más en el vaso o que teme que esté a punto de quedarse sin agua. Podemos ver a través de la vista de la primera persona del vaso medio lleno y creer que está agradecido y aprecia lo que tiene. La segunda persona es una que no está agradecida por lo que está en el vaso, pero desea que haya más. Estos dos puntos de vista también se describen como uno que es optimista o que tiene una buena perspectiva de la vida, y el otro que es pesimista o que tiene una perspectiva de tristeza, ruina, ingratitud y envidia.

Podemos llevar esta actitud de agradecido e ingrato en todos los aspectos de nuestras vidas. Una persona con un corazón agradecido es alguien que se ve feliz, amoroso y amable. Cuando pensamos en una persona desagradecida a lo largo de la vida, pensamos en una persona gruñona, que no aprecia nada y que se queja porque siempre quiere más. El versículo anterior de Proverbios hace la comparación de estos dos tipos de personas y señala que la persona que está en paz con lo que tiene parece tener una vida plena mientras que la persona que no está agradecida parece marchitarse sin tener una vida maravillosa. El segundo versículo nos dice que debemos ser pacientes y no preocuparnos por aquellos que parecen tener "todo" por sus propios medios y no por Dios. En otras palabras, no deberíamos tener envidia de aquellos que tienen muchas cosas materiales. Deberíamos ser pacientes y estar siempre pensando en Dios en vez de preocuparnos por las cosas materiales que otras personas tienen.

"Por lo cual, puesto que recibimos un reino que es inconmovible, demostremos gratitud, mediante la cual ofrezcamos a Dios un servicio aceptable con temor y reverencia." Hebreos 12:28

El versículo de Hebreos nos dice que primero seamos agradecidos por nuestra creencia en Dios, somos hijos de su reino. Esto nunca cambiará Dios siempre estará allí para nosotros y debemos ser fuertes en nuestra fe. Este mismo versículo nos recuerda que debemos adorar a Dios primero y que esta adoración está por encima de todo lo mundano.

"Pero buscad primero su reino y su justicia, y todas estas cosas os serán añadidas." Mateo 6:33

El versículo de Mateo dice que buscar a Dios primero es todo lo que necesitamos. Si nos esforzamos por tener una relación cercana con Dios, no seremos envidiosos ni ingratos. Estaremos agradecidos por todo lo que tenemos en la vida. Siempre sabremos que ser uno de los hijos de Dios es lo más importante en la vida y porque tendremos un corazón agradecido, no tendremos envidia de lo que otros tienen. Y, si tenemos una fe así de fuerte, Dios agregará bendiciones a nuestras vidas. Piensa en esto: **permanecer cerca de Dios es lo más importante que podemos hacer y, al hacerlo, Él bendecirá tu vida.**

Comprender a los Demás

"El necio no se deleita en la prudencia, sino sólo en revelar su corazón." Proverbios 18:2

"El que retiene sus palabras tiene conocimiento, y el de espíritu sereno es hombre entendido." Proverbios 17:27

Todos hemos tenido amigos o familiares que nos cuentan cosas que están pensando o acerca de preocupaciones. Cuando escuchas sus comentarios, ¿qué haces? ¿Qué se espera que hagas? Quizás quieres decirles directamente dónde se equivocaron o qué deberían haber hecho. A veces, nos encontramos haciendo esto antes de que la otra persona haya terminado de contarnos toda la historia. Como dice el versículo de Proverbios arriba, somos tontos si expresamos nuestras opiniones rápidamente. Deberíamos escuchar todo lo que la persona nos dice antes de decir algo. A veces tus amigos simplemente querrán "desahogarse" o simplemente expresar su enojo, tristeza o emoción. Puede que no estén buscando una opinión o que alguien les aconseje. Entonces, ¿qué deberías hacer cuando comiencen a contar su historia? Como se mencionó anteriormente, una persona que tiene un "espíritu sereno", que no reacciona inicialmente sino que escucha y considera cuidadosamente todas las partes, es una persona que se puede considerar comprensiva. También es aconsejable esperar y ver si la persona solicita algún consejo después de haber completado sus dichos. Si ellos te preguntan qué harías tú, es importante considerar cuidadosamente todas las partes y luego sugerir prudentemente, como cristiano, las acciones que tu amigo podría necesitar tomar.

Hay algo aún más importante que escuchar. Cuando escuchas o miras a un ser querido o un miembro de tu familia, quien ha tenido una experiencia que los hace sentir perturbados o molestos, lo más importante que podemos hacer es tener empatía. Empatía significa que comprendes los sentimientos y emociones del otro. Estás caminando en sus zapatos. Como lo señala el versículo siguiente, si tu amigo o miembro de la familia se regocija, regocíjate con ellos. Si lloran, llora con ellos. Esto es comprensión en el nivel más profundo.

"Gozaos con los que se gozan y llorad con los que lloran." Romanos 12:15

"Sed más bien amables unos con otros, misericordiosos, perdonándoos unos a otros, así como también Dios os perdonó en Cristo." Efesios 4:32

¿Por qué la empatía es tan importante? En el versículo de Efesios a continuación, se nos instruye a ser amables y compasivos, pero también, se nos dice que debemos perdonarnos los unos a los otros. En otras palabras, debemos sentir empatía por nuestro amigo, que tal vez se enojó con nosotros. Cuando te explique su lado, escucha profundamente. Trata de comprender y empatizar. Luego le dices a tu amigo que lo perdonas. Jesús nos mostró el mejor ejemplo de empatía que se haya manifestado. Jesús fue la expresión humana de Dios. Como ser humano, también tuvo empatía y comprendió todos los aspectos de nuestros problemas humanos. Él entendió lo difícil que es abstenerse de pecar. Pero, cuando pecamos, su empatía es manifestada en su muerte en la cruz por todos nosotros. Piensa en esto: **Jesús nos ama tanto que Él nos escucha, comprende y perdona.**

OTROS LIBROS RELEVANTES

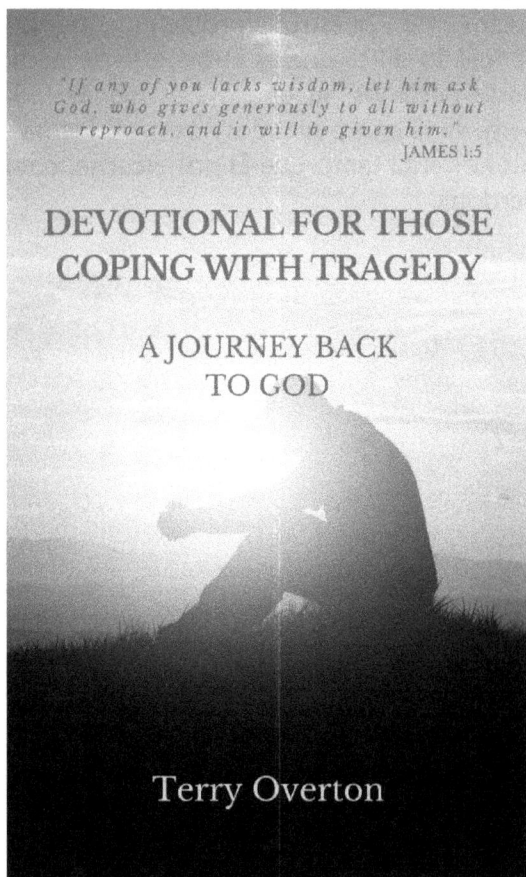

"If any of you lacks wisdom, let him ask God, who gives generously to all without reproach, and it will be given him."
JAMES 1:5

DEVOTIONAL FOR THOSE COPING WITH TRAGEDY

A JOURNEY BACK
TO GOD

Terry Overton

Christian Publishing House
ISBN-13: 978-1-945757-92-1
ISBN-10: 1-945757-92-2

Heather Freeman &
Edward D. Andrews

THIRTEEN
REASONS WHY
YOU SHOULD
KEEP LIVING

When Hope and
Love Vanish?

Christian Publishing House

ISBN-13: 978-1-945757-47-1

ISBN-10: 1-945757-47-7

THE OUTSIDER

Coming-of-Age In
This Moment

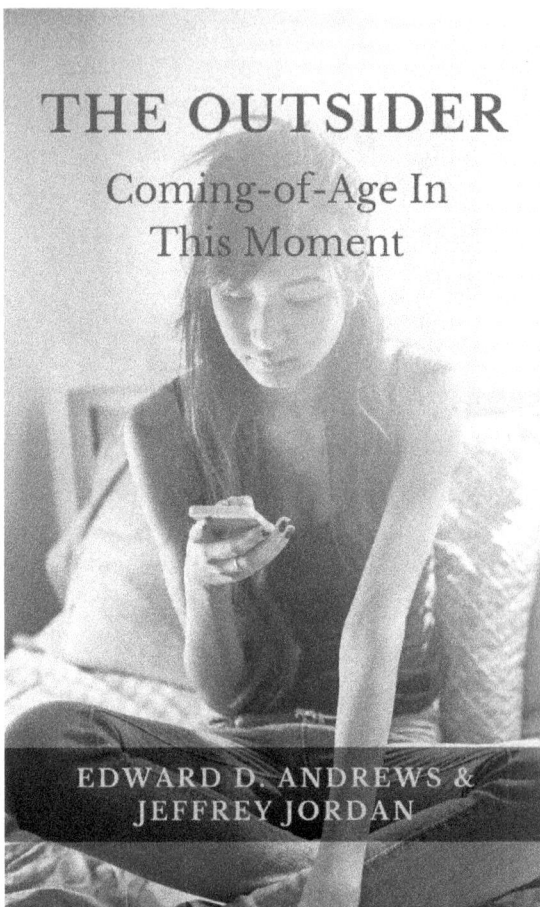

EDWARD D. ANDREWS &
JEFFREY JORDAN

Christian Publishing House

ISBN-13: 978-1-945757-60-0

ISBN-10: 1-945757-60-4

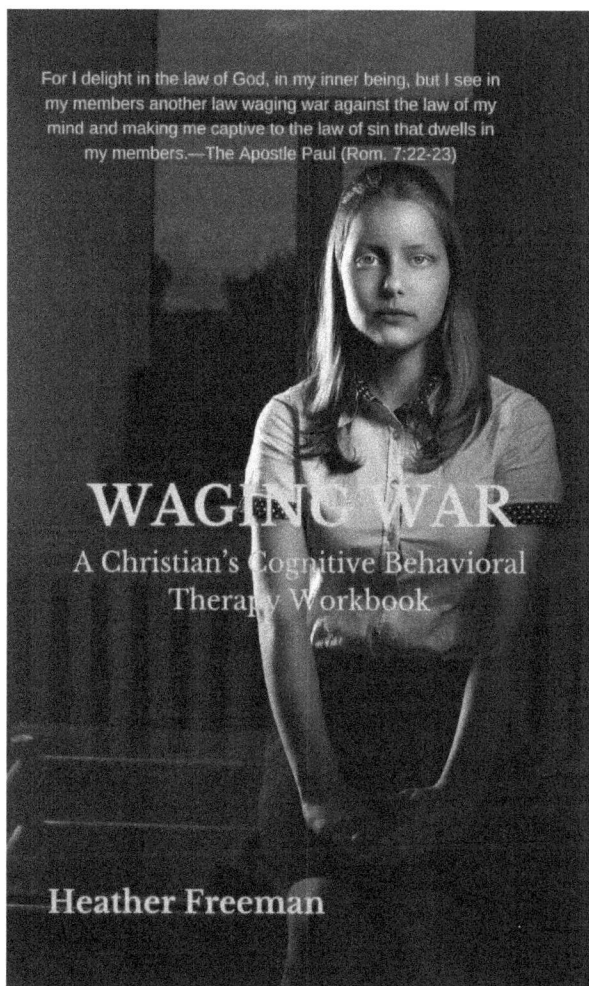

For I delight in the law of God, in my inner being, but I see in my members another law waging war against the law of my mind and making me captive to the law of sin that dwells in my members.—The Apostle Paul (Rom. 7:22-23)

WAGING WAR

A Christian's Cognitive Behavioral Therapy Workbook

Heather Freeman

Christian Publishing House

ISBN-13: 978-1-945757-42-6

ISBN-10: 1-945757-42-6

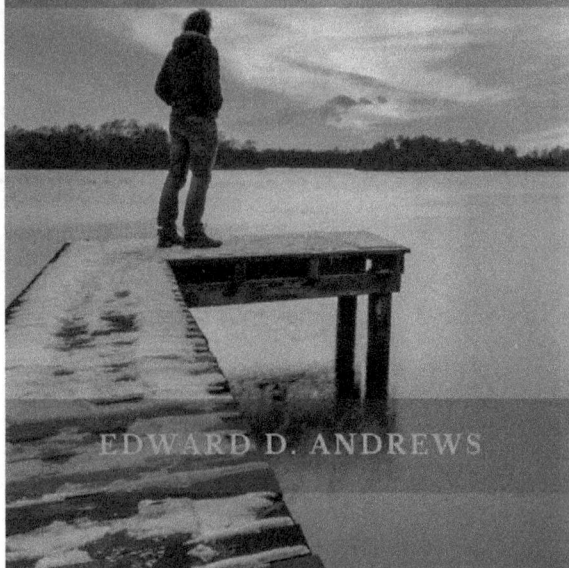

GOD WILL GET YOU
THROUGH THIS
Hope and Help for
Your Difficult Times

EDWARD D. ANDREWS

Christian Publishing House
ISBN-13: 978-1-945757-72-3

ISBN-10: 1-945757-72-8

FEARLESS

Be Courageous and Strong Through
Your Faith In These Last Days

EDWARD D. ANDREWS

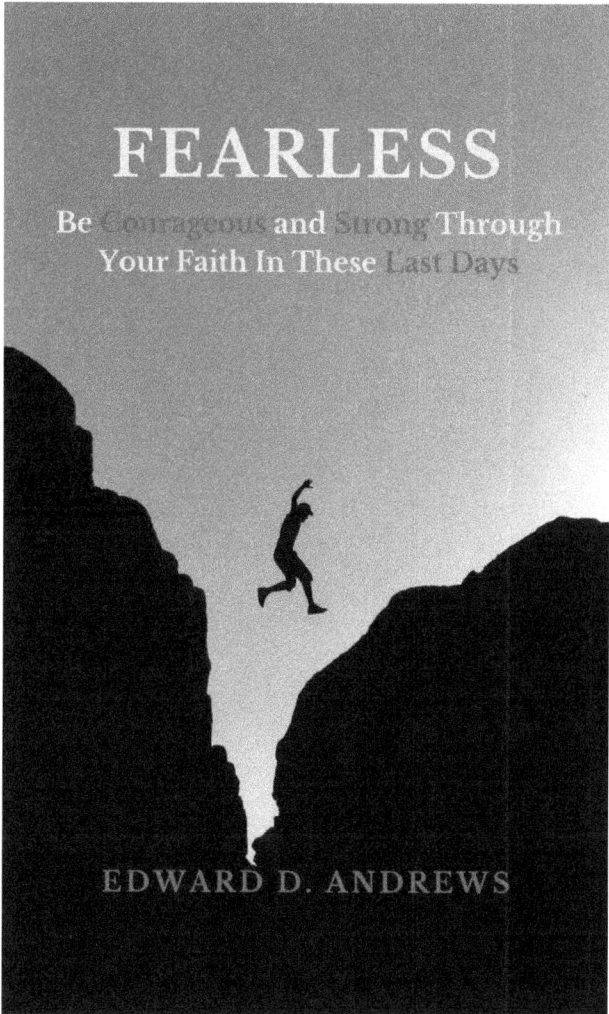

Christian Publishing House
ISBN-13: 978-1-945757-69-3

ISBN-10: 1-945757-69-8

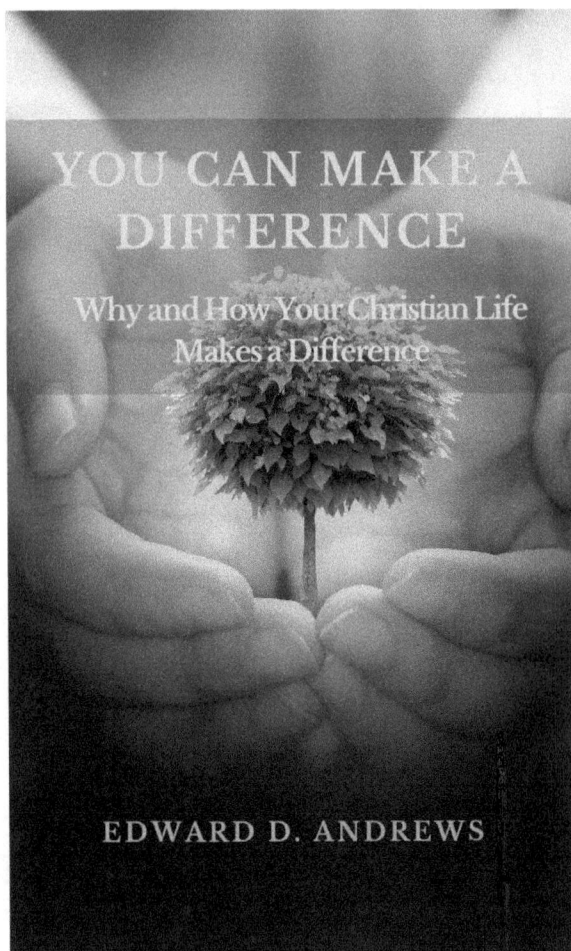

YOU CAN MAKE A DIFFERENCE

Why and How Your Christian Life Makes a Difference

EDWARD D. ANDREWS

Christian Publishing House
ISBN-13: 978-1-945757-74-7

ISBN-10: 1-945757-74-4

Terry Overton

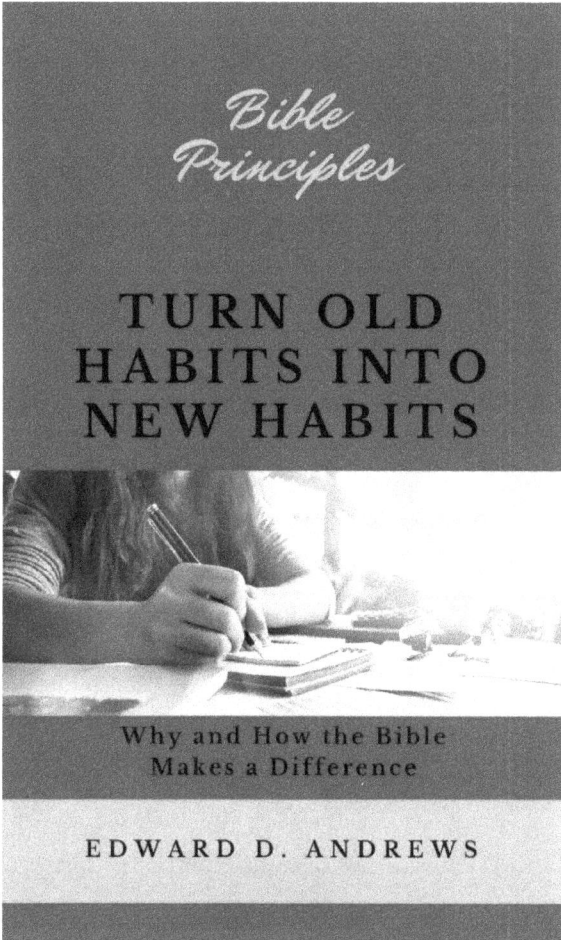

Bible Principles

TURN OLD HABITS INTO NEW HABITS

Why and How the Bible
Makes a Difference

EDWARD D. ANDREWS

Christian Publishing House
ISBN-13: 978-1-945757-73-0

ISBN-10: 1-945757-73-6

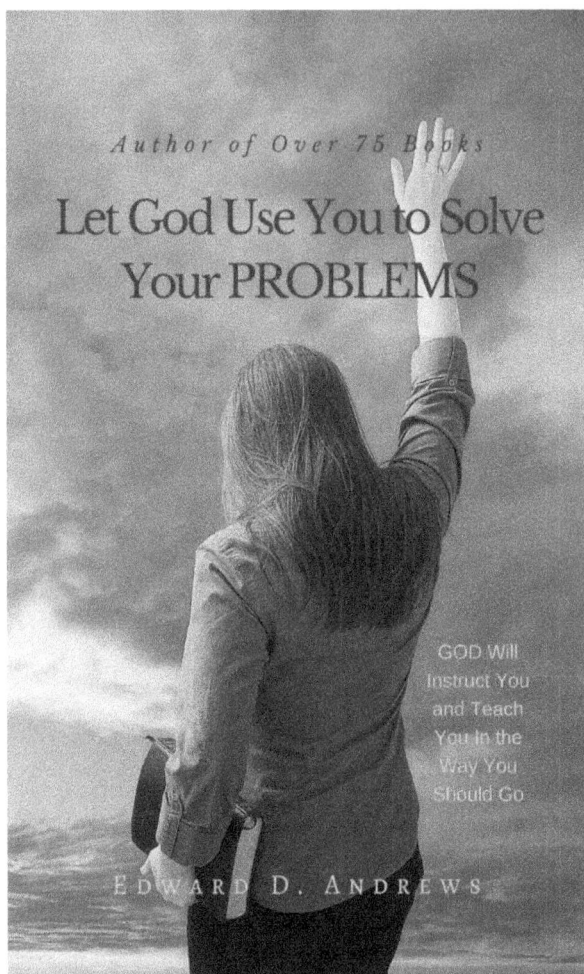

Author of Over 75 Books

Let God Use You to Solve
Your PROBLEMS

GOD Will
Instruct You
and Teach
You in the
Way You
Should Go

EDWARD D. ANDREWS

Christian Publishing House

ISBN-13: 978-1-945757-86-0
ISBN-10: 1-945757-86-8

Terry Overton

Author of Over 75 Books

PROMISES OF GOD'S GUIDANCE

God Show Me Your Ways, Teach Me Your
Paths, Guide Me In Your Truth and Teach Me

EDWARD D. ANDREWS

Christian Publishing House
ISBN-13: 978-1-945757-87-7
ISBN-10: 1-945757-87-6

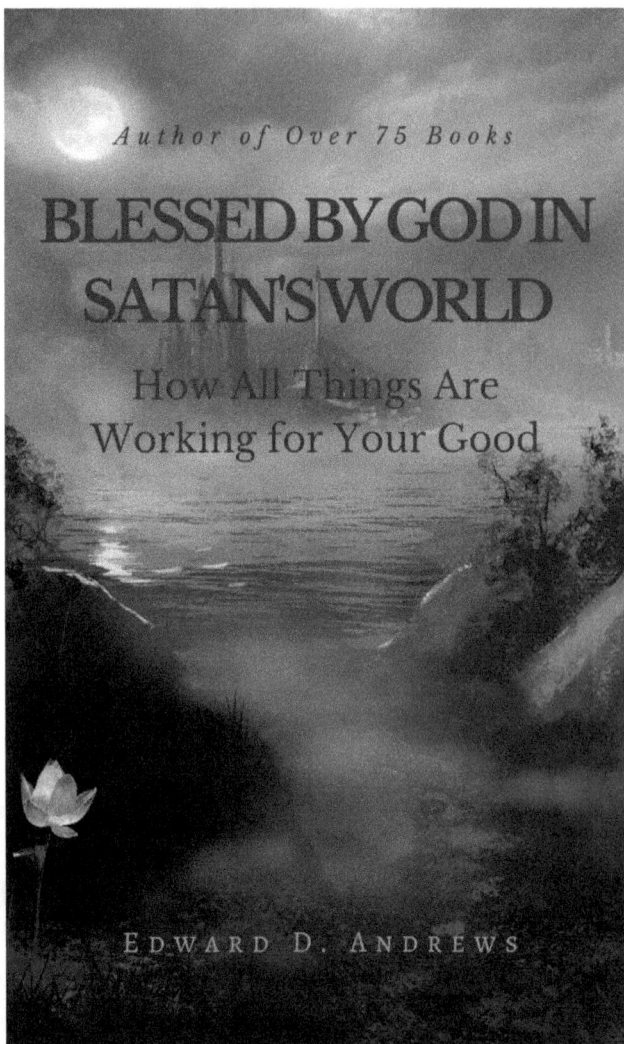

Author of Over 75 Books

BLESSED BY GOD IN SATAN'S WORLD

How All Things Are
Working for Your Good

EDWARD D. ANDREWS

Christian Publishing House
ISBN-13: 978-1-945757-88-4

ISBN-10: 1-945757-88-4

Terry Overton

HOW TO STUDY YOUR BIBLE

YOUR BIBLE

Rightly Handling the Word of God

Edward D. Andrews

Christian Publishing House
ISBN-13: 978-1-945757-62-4

ISBN-10: 1-945757-62-0

CHRISTIAN
APOLOGETIC EVANGELISM

REACHING HEARTS WITH THE ART OF PERSUASION

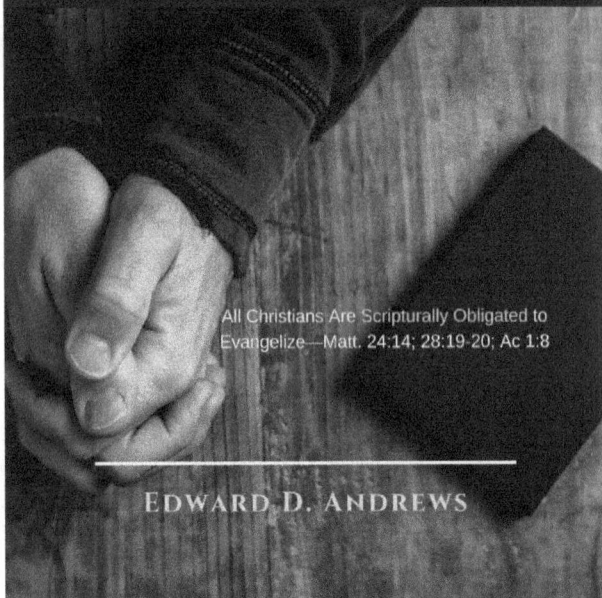

All Christians Are Scripturally Obligated to Evangelize—Matt. 24:14; 28:19-20; Ac 1:8

EDWARD D. ANDREWS

Christian Publishing House

ISBN-13: 978-1-945757-75-4

ISBN-10: 1-945757-75-2

Terry Overton

REASONING
FROM THE SCRIPTURES

Sharing CHRIST as You Help Others to
Learn about the Mighty Works of God

HOLY
BIBLE

EDWARD D. ANDREWS

Christian Publishing House
ISBN-13: 978-1-945757-82-2

ISBN-10: 1-945757-75-2

www.ingramcontent.com/pod-product-compliance
Lightning Source LLC
Chambersburg PA
CBHW060017050426
42448CB00012B/2788